Coleção Psicanálise, Clínica, Sociedade

Organizador: Paulo Cesar Sandler

ELEMENTOS DE ANÁLISE DE GRUPO

Grupos Pequenos e Intermediários

Tradução: Sérgio Marcos V. Trunci

Rocco A. Pisani

ELEMENTOS DE ANÁLISE DE GRUPO

Grupos Pequenos e Intermediários

Tradução: Sérgio Marcos V. Trunci

Casa do Psicólogo®

sbpsp

Coleção Psicanálise, Clínica e Sociedade
Organizador: Paulo Cesar Sandler

1ª Edição
2005

Editores
Ingo Bernd Güntert e Myriam Chinalli

Editora Assistente
Christiane Gradvohl Colas

Assistente Editorial
Sheila Cardoso da Silva

Produção Gráfica e Capa
Renata Vieira Nunes

Editoração Eletrônica
Valquíria Kloss

Revisão Gráfica
Cristina Bernardes

Dados Internacionais de Catalogação na Publicação (CIP)
(Câmara Brasileira do Livro, SP, Brasil)

Pisani, Rocco A.

Elementos de análise de grupo: grupos pequenos e intermediários / Rocco A. Pasani; organizador Paulo Cesar Sandler; tradução Sérgio Marcos Z. Trunci. – São Paulo: Casa do Psicólogo®: Sociedade Brasileira de Psicanálise de São Paulo, 2005. (Coleção psicanálise, clínica, sociedade)

Título original: Elementi di gruppoanalisi: il grupo piccolo ed intermedio.
Bibliografia.
ISBN 85-7396-387-5

1.Psicanálise de grupo I. Sandler, Paulo Cesar II. Título III Série

05-5564 CDD- 150.195

Índices para catálogo sistemático:
1. Grupoanálise: Psicologia 150.195
2. Análise de grupo: Grupos pequenos e intermediários: Psicologia 150.195
3. Psicanálise de grupo: Grupos pequenos e intermediários: Psicologia 150.195

Impresso no Brasil
Printed in Brazil

Casa do Psicólogo® Livraria e Editora Ltda.
Rua Mourato Coelho, 1059 Vila Madalena 05417-011 São Paulo/SP Brasil
Tel.: (11) 3034.3600 E-mail: casadopsicologo@casadopsicologo.com.br
site: www.casadopsicologo.com.br

sbp sp Sociedade Brasileira de Psicanálise de São Paulo
Av. Dr. Cardoso de Melo, 1450/9º andar V. Olimpia 04548-005 São Paulo/SP Brasil
Tel.: (11) 3045-2818 E-mail: correio@sbpsp.org.br

Introdução à edição brasileira

Elementos de análise de grupo

Este pequeno manual deve sua publicação a um movimento oficial da SBPSP. Esse movimento consiste em aberturas para ações no meio social circundante, que criou e engloba nosso microcosmo "psi". Institucionalizado como uma diretoria de cultura e comunidade, implantou-se nas gestões de Marcio Giovannetti, sob a direção de Ana Maria Azevedo e tem sido objeto de continuidade e desenvolvimento na gestão de Luiz Carlos Menezes, sob a direção de Cecília Orsini.

Como resultado desse desenvolvimento, a Divisão de Publicações colabora no nível macro-institucional, nesse esforço novo para a SBPSP, do que há trinta anos era chamado "psiquiatria comunitária" ou "psicologia comunitária". A Divisão de Publicações se integra, no microcosmo da SBPSP, à Diretoria de Cultura e Comunidade, oferecendo suporte aos colegas que têm se envolvido, muitas vezes jejunos, nesse tipo de trabalho comunitário, que demanda sólida formação no manejo de grupos.

Grupos e psicanálise mantêm vínculos subjacentes surpreendentes para aqueles que se deixam levar pela formidável cesura das aparências externas. Foi no seio da psicanálise que esse manejo germinou e se nutriu, fora do âmbito da psicologia das massas da psicologia social, e do aconselhamento e da psicologia do consciente. Pois é de Bion – que integrou os *insights* de Freud sobre as instituições militares e religiosas e análise do ego com os de Klein sobre aspectos esquizoparanóides e depressivos – a até agora única iluminação sobre o funcionamento inconsciente do grupo.

Também na Inglaterra, Foulkes foi o outro autor que, embora não especificamente ocupado com a psicanálise, mas por ela inspirado, introduziu um método útil para esse manejo. Na clínica Tavistok, uma espécie de celeiro clínico, médicos e analistas como Gosling, de Maré, Izabel Lyth, Jane Temperley, acumularam experiência práticas e irradiaram esse *know-how* para todo o mundo. Várias aplicações afetando a engenharia social, como as de Elliott Jaques, ou na célula familiar, como terapias de família e casal foram desenvolvidas.

Em nosso meio, foram igualmente analistas da SBPSP os que primeiro desenvolveram o campo: Alcyon Baer Bahia e Bernardo Blay, com os primeiros "grupos Bion", e a conjunção com a medicina, com Luiz Miller de Paiva, José F. Pontes, Nelson Poci, Richard Kanner, Helladio Francisco Capisano, Wilhelm Kenzler. Uma verdadeira escola em psicossomática e grupo se mantém a partir desses iniciadores, com psicanalistas como Yoshiaky Ohky e Décio Natrielli.

Este livro deve sua existência a Rocco Pisani, conhecido médico psiquiatra em Roma, com larga experiência na assim chamada área psicossomática. Trata-se de um pequeno manual, que nos dá uma visão histórica das técnicas grupais de modo compactado e sintético. Enriquece o campo psicossomático com experiência, e não exatamente com explicações teóricas. Seu trabalho é feito no hospital geral da Universidade La Sapienza; provavelmente será de utilidade especial para o jovem praticante. O doutor Pisani lida com os assim chamados "grupos médios", formados por pelo menos vinte pessoas, que exibem dinâmica própria e parecem especialmente indicados para intervenções na comunidade e em serviços de integração em hospitais gerais, oficinas abrigadas, e outras instituições custodiais.

Apresentamos assim o segundo fruto da colaboração entre a SBPSP e a editora Casa do Psicólogo. Agradeço a Ingo Bernd Güntert, a Myriam Chinalli e, de modo todo especial, ao doutor Rocco Pisani e às Edizioni Universitarie Romane, que, compreendendo o caráter de serviço de utilidade pública que constitui a tentativa da SBPSP e a orientação de custos quase nulos de sua Divisão de Publicações, graciosamente nos cederam os direitos autorais.

Não tenho palavras adequadas para ressaltar o sério trabalho do doutor Sergio Vieira Trunci, psicanalista de nossa Sociedade, que reúne raras qualificações, e agradecer por sua disposição para enfrentar a árdua tarefa de fazer a tradução deste livro.

Paulo Cesar Sandler

Diretor da Divisão de Publicações
Sociedade Brasileira de Psicanálise de São Paulo

Julho de 2005

Agradecimentos

Sou muito grato ao falecido Prof. Cornaelio Fazio, de quem conservo lembrança, e que no âmbito da então Clínica de Doenças Nervosas e Mentais, valorizou e apoiou o meu trabalho.

Um agradecimento especial é dirigido ao Dr. Pat de Maré que foi meu professor na aplicação da práxis grupoanalítica aos grupos intermediários. Agradeço também pelo belo prefácio deste livro e pela estima e amizade que sempre me demonstrou. Dele aprendi a alargar sempre mais os horizontes da dimensão intrapsíquica além da social.

Agradeço ao Prof. J. Ondarza Linares que me introduziu na Análise de Grupo, o que me permitiu conhecer, aprofundar e experimentar a teoria e a prática grupoanalítica de S. H. Foulkes.

Infelizmente não tive a sorte de conhecer S. H. Foulkes, mas li e meditei sobre sua obra com uma profunda ressonância intelectual e afetiva. Ensinou-me, mesmo que indiretamente, a aplicar os conceitos psicanalíticos aos grupos e a ver como o indivíduo é a expressão do contexto social que, por sua vez, contribui para constituir. Como ele, também tive uma formação médica neurológica e psiquiátrica antes de me dedicar à análise de grupo.

Aprendi muito de Elisabeth Foulkes, que me transmitiu muitos dos ensinamentos de seu marido.

Agradeço ao Dr. Dennis Brown que me iluminou sobre muitos aspectos da teoria e da prática, com particular atenção à clínica e à técnica grupoanalítica.

Sou grato ao Dr. Malcolm Pines que foi para mim um modelo de cultura, conhecimento e clareza conceitual.

Agradeço ao Dr. Peter Scott Lewis que valorizou meu trabalho apresentando-me para um público internacional em dois simpósios europeus sobre Análise de Grupo, em Oxford.

Sou reconhecido a todos.

Uma lembrança particular é destinada à Dra. Josephine Lomax-Simpson, falecida recentemente, que estimulou-me a aprofundar e a colocar em prática os conceitos de Pat de Maré sobre grupos intermediários.

Agradeço aos participantes dos seminários de quarta-feira e, particularmente, à Dra. Maria Antonia Ferrante, à Dra. Anna Maria Meoni, ao Dr. Mario Giampà e ao Dr. Domenico Surianello que me ajudaram e apoiaram na organização dos seminários dos quais emergiram muitas idéias deste livro.

Agradeço ao casal Pallai a quem devo a publicação e a consideração editorial, e à Dra. Silvia Goretti que tratou com apuro a edição do livro.

Agradeço finalmente a Nina, minha esposa, que sempre tolerou e encorajou meu interesse pela "ciência"...!

Rocco Pisani

A meu pai Francesco Pisani

Sumário

Prefácio

Sinto-me honrado por meu amigo e colega Prof. Rocco Pisani ter pedido a mim que escrevesse o prefácio de seu importante trabalho *Elementos de Análise de Grupo*.

Esta é a primeira tentativa séria de incluir o Grupo Intermediário como parte significativa na análise de grupo, além de introduzir a enorme importância do papel desempenhado pela cultura e pelo contexto na influência do resultado de fracasso ou sucesso em psicoterapia.

Desde o início, Rocco reconheceu a contribuição essencial que, no futuro, os grupos maiores oferecerão à discussão e enfrentamento de questões globais, particularmente aquelas que ameaçam a nossa existência neste mundo.

No início, em 1991, ele reconheceu que devemos agir preferencialmente a falar e, em conseqüência, constituiu um grupo intermediário de cerca de vinte pessoas e aplicou este novo método em termos operacionais. Como resultado, colocou em prática estes encontros com freqüência semanal e tratou de registrar cada sessão por todo o tempo deste trabalho, que já está reunido em 11 volumes.

Todavia, mesmo tendo recebido um notável apoio mundial, havia resistência contra este novo *approach*, tanto em Londres como em Roma.

O que Rocco e eu muito apreciaríamos é que o novo milênio possa rever esta discussão extremamente importante e responda com o entusiasmo que ela merece, e que Londres, Roma e o mundo inteiro recuperem uma técnica já experimentada pelos caçadores-agricultores há 60.000 anos.

P. de Maré

Londres, 21 de outubro de 1999

Introdução

A psicoterapia analítica de grupo assume, cada vez mais, uma grande importância, seja por razões teóricas ou práticas.

A importância teórica reside numa consciência sempre crescente de que o indivíduo não pode ser concebido de modo isolado, mas em contínua relação com seu grupo social. O indivíduo é a expressão do contexto sociocultural ao qual pertence e ao qual ele contribui para constituir; e por isso também a psicopatologia individual não pode estar senão em estreita relação com a psicopatologia do grupo. O paciente é porta-voz dos conflitos e problemas que investem contra todo o grupo ao qual pertence, a começar do familiar primário. A intervenção psicoterápica não pode ignorar a presença real e efetiva do contexto social na base de tratamento, limitando-se a considerar apenas os aspectos fantasmáticos do grupo como acontece nos tratamentos individuais. Assim, a coletividade passa a fazer parte diretamente da situação terapêutica.

As razões práticas consistem numa maior utilidade aplicativa. A intervenção grupal permite tratar ao mesmo tempo um número muito maior de pacientes, o que implica uma grande economia de tempo e de recursos econômicos, seja na instituição pública ou privada.

A análise de grupo permitiu levar as descobertas da psicanálise ao alcance de todos, e isso ocorreu não por ser a "sucedânea" da "verdadeira psicanálise" ou um "tratamento aguado", como comumente é considerado. O indivíduo é expressão do grupo, ou melhor, está em contínua interação com o grupo.

O tratamento grupoanalítico permite combinar a análise "vertical" genética que atinge a história pessoal, com a análise "horizontal" na interação social do *hic et nunc*.

A extensão da visão da psicanálise para a grupoanálise dos grupos pequeno, intermediário e grande, deu uma grande contribuição operativa não só à visão do conjunto como à organização dos serviços psiquiátricos. A análise de grupo ocupa uma posição de primeiro plano pela compreensão dos fenômenos interativos e transpessoais. Não se pode prescindir dela na prevenção, no tratamento e na reabilitação psiquiátrica (ver também Fasolo F., 1995). A própria reabilitação se estende, de qualquer modo, para a prevenção, e de uma óptica estritamente biológica deslocamo-la, auspiciosamente, para uma visão integrada biopsicossocial. Foulkes diz: "Pode-se imaginar que a técnica de grupo por fim envolverá (em terapia) toda a comunidade e reunirá todos aqueles que são implicados no problema, não só o médico e o paciente. Em breve, reconduzirá a neurose ao lugar que lhe compete, porque tais problemas são problemas que concernem a toda comunidade" (Foulkes S. H.; Anthony E. J., 1957, 1973, p. 218). Conceitos análogos àqueles formulados por F. Petrella (1993) quando projeta para a psiquiatria e para a psicanálise um trabalho crítico e emotivo inexaurível que vai do intrapsíquico individual ao interpessoal coletivo e social.

Desse modo, é possível compreender como o *approach* grupoanalítico pode se estender a campos bem mais vastos como os da Escola, da Justiça, do Esporte, do Trabalho etc.

Nota: Onde não especificado, a citação das páginas se refere ao original italiano.

Notas Históricas

As origens da psicoterapia de grupo podem ser encontradas nos âmbitos sociológico e psicoterápico (Ondarza Linares J.; Feliziani P., 1991a, b).

Foram os sociólogos e depois os psicólogos que levaram em consideração a influência das relações interpessoais e dos papéis sociais sobre a personalidade dos indivíduos (de Maré P., 1972; de Maré P.; Kreeger L., 1974).

Alguns exemplos:

Émile Durkheim (1859-1917): valorizou a centralidade do social com respeito ao individual. Considerou a consciência coletiva como elemento central que contém crenças e valores comuns ao grupo social e formulou o conceito de "anomia": o indivíduo "anômico" não participa da coletividade, não compartilha regras, valores, relações etc. e por isso está muito exposto ao risco de suicídio.

George Simmel (1858-1918): para a formação da sociedade são essenciais "pertencer ao grupo" e a "centralidade da interação".

Gustave Le Bon (1841-1931): descreve a loucura com características da criança, do primitivo e do selvagem. A individualidade está anulada. Emergem três fatores que distinguem a alma do louco: 1. sentimento de potência invencível; 2. contágio mental; 3. estado de sugestão hipnótica. O trabalho de Le Bon foi levado em consideração por Freud na *Psicologia das Massas e Análise do Ego*.

Wilfred Trotter (em 1916): postulou um instinto gregário inato, análogo à pluricelularidade, expressão da tendência dos indivíduos da mesma espécie a ficarem juntos. A finalidade é a sobrevivência.

William MacDougall (1871-1933): teorizou uma mente coletiva. A sociedade é constituída pelo sistema de relações entre as mentes individuais que a compõem.

George Mead (1863-1931): o comportamento do indivíduo pode ser compreendido somente em relação ao grupo social ao qual pertence. O grupo social está sempre presente como representação simbólica na mente de cada indivíduo.

Kurt Lewin (1890-1947): aprofundou o estudo da interação entre indivíduo e grupo, utilizando conceitos comuns à matemática e à física, e formulou o conceito de dinâmica de grupo. Aplicou os conceitos da matemática topológica ao campo psicológico. A topologia é a ciência das relações entre as partes e o todo. O campo é o dado físico no qual podem estar circunscritos certos fenômenos. O campo psicológico ou espaço de vida pode ser descrito com a fórmula:

> S. V. = f (P. A.) (espaço de vida = interação entre o indivíduo e o ambiente).

O comportamento está em função do espaço de vida e é motivado por uma necessidade.

A dinâmica de grupo implica uma interação: o todo é unidade dinâmica – toda alteração de uma parte implica mudança das outras. Na dinâmica entram as forças de mudança e de resistência (Ossicini A., 1974).

As primeiras experiências de psicoterapia de grupo foram feitas por médicos não psiquiatras no início do século XX.

J. Pratt pode ser considerado o pioneiro da psicoterapia de grupo. Clínico geral de Boston, em torno de 1905 iniciou a terapia de grupo com pacientes tuberculosos. Percebeu que, tratando os pacientes em grupo, o curso da tuberculose era favoravelmente influenciado no sentido psicológico pela interação social positiva.

Posteriormente (1930), Pratt estende o tratamento a grupos de 20 ou mais pacientes psiquiátricos nos quais praticava uma psicoterapia de apoio. O tratamento compreendia visitas às casas dos pacientes, diário para registro do decurso da doença e encontros semanais concebidos como aula de ensinamento. Liam-se os diários, registravam-se publicamente as variações de peso e os pacientes que melhoravam trocavam as suas experiências com os outros. A utilização da coesão e do apoio demonstrou que os encontros eram eficazes no combate à depressão e isolamento dos tuberculosos (Yalom I. D., 1970; Ondarza Linares J.; Feliziani P., 1991b).

Na década de 20 *C. Marsh* institui verdadeiras e próprias classes compostas de pacientes, até de professores ou eclesiásticos. O ensinamento e a educação eram a essência do tratamento. Aulas realizadas em casa e exercícios de interação constituíam o tratamento. Os pacientes eram convidados a tratar-se reciprocamente. No início e no fim da aula o clima social era alimentado por música, troca de flores, dança etc. O tratamento foi aplicado a todos os distúrbios psiquiátricos e parece que os balbuciantes foram os que mais se beneficiaram (Yalom I. D., 1970; Ondarza Linares J.; Feliziani P., 1991b).

J. L. Moreno pode ser considerado um dos maiores pioneiros. Foi ele quem cunhou o termo "psicoterapia de grupo" em 1931 (Foulkes S. H.; Anthony E. J., 1957, 1973). Criou o teatro da espontaneidade e, posteriormente, o psicodrama.

Personagem de primeiro plano no âmbito da aproximação psicanalítica à psicoterapia de grupo é sem dúvida *Trigant Burrow* que cunhou o termo Grupoanálise (1928), mudando depois para Filoanálise; "a grupoanálise ou análise social é a análise do grupo imediato no momento imediato" (citação de Gatti Pertegato E., 1994a).

A partir de 1911, T. Burrow transferiu a atenção do conflito intrapsíquico individual para o social, desenvolvendo concepções teóricas centrais sobre a importância dos fatores sociais-relacionais no surgimento da neurose.

> "Sua tese, que se desenvolverá no curso dos anos, era que a sociedade no seu conjunto contém os elementos neuróticos que Freud circunscrevia à mente individual, por isso afirmava que a assim dita 'normalidade' não seria mais que uma doença compartilhada" (Gatti Pertegato E., 1994a).

Trigant Burrow é considerado o fundador da aproximação psicanalítica ao grupo e teve também uma intuição muito precoce, que antecipou a Winnicott, sobre o papel da figura materna como mediação entre a criança e o ambiente:

> "aquela que é chamada imagem materna não é outra coisa senão a soma das impressões que vem refletir, por intermédio da mãe, o ambiente social que a circunda, e essas impressões vêm de novo transmitir através de nós seu reflexo ao interior de nós mesmos" (citação de Gatti Pertegato E., 1994b).

Aproximação Psicanalítica à Psicoterapia de Grupo

A psicoterapia psicanalítica de grupo pode ser dividida em três tendências fundamentais (Foulkes S. H., Anthony E. J., 1957, 1973; Ondarza Linares J., Feliziani P., 1992):

1. Psicanálise em grupo.
2. Psicanálise do grupo.
3. Psicanálise por meio do grupo ou mais propriamente Grupoanálise.

1. *Psicanálise em grupo ou terapia psicanaliticamente orientada para o indivíduo em um* setting *de grupo.*

Slavson S. R., nos Estados Unidos, é o representante mais importante desta tendência. Em síntese, são os seguintes os princípios da psicanálise aplicados ao grupo:

- é o indivíduo e não o grupo que tem maior importância;
- o analista é o principal agente terapêutico;
- o *setting* é constituído pelo analista-analisando num contexto grupal;

- o objetivo é evidenciar as dinâmicas intrapsíquicas em presença do grupo;
- o interpessoal e o transpessoal são ignorados;
- a tendência em direção ao grupo (sinergia) é considerada uma resistência à análise da transferência;
- as transferências fraterna e grupal são úteis pois reduzem as defesas e atenuam o superego, mas ao mesmo tempo são uma resistência à transferência ao terapeuta;
- *o grupo, enfim, é centrado no líder.*

Portanto, a psicologia social é ignorada. O grupo como tal não tem valor terapêutico. A óptica permanece aquela da psicologia intrapsíquica individual aplicada ao grupo. Definitivamente, para Slavson, "é um erro falar do grupo como uma entidade em terapia. É sempre o indivíduo e não o grupo como tal que permanece no centro da atenção terapêutica" (referido por Anthony E. J., 1957, p. 17 do texto inglês de Foulkes-Anthony).

Wolf A. e *Schwartz K.*, também dos Estados Unidos, não se distanciam muito desta posição.

A dinâmica de grupo é levada em consideração, mas nela não se vê utilidade para resolver as dificuldades intrapsíquicas; a análise se baseia nas associações livres, na análise dos sonhos, da transferência e da resistência do indivíduo; cria-se uma família permissiva; o grupo ajuda o indivíduo a realizar-se no contexto interpessoal.

Há a convicção de que o grupo, enquanto tal, é não terapêutico.

Wolf chega a postular o conceito de "eu coletivo" com o qual cada membro tenderia a se identificar (Anthony E. J., 1957; Profita G., Venza G., 1995). Mas o "eu coletivo" permite apenas uma exploração psicanalítica mais profunda do *setting* individual. A situação de grupo tem somente a finalidade de propiciar uma sustentação para melhor tolerar a angústia da análise.

2. Psicanálise do grupo.

Seus principais representantes são Bion W. R. e Ezriel H. do Instituto Tavistok, de Londres. Trata-se de uma concepção psicanalítica individual: a postura do terapeuta permanece estritamente psicanalítica e o grupo como um todo é tratado como se fosse um único paciente.

Juntamente com Richman no hospital militar de Northfield (primeiro experimento) na Inglaterra em 1942, Bion introduz o tratamento de grupo considerando que o seu todo, e não os pacientes individualmente, é o objeto da intervenção terapêutica. Foi de fato o primeiro experimento com grupos grandes (*large group*). O experimento foi interrompido depois de seis semanas e Bion foi afastado do hospital porque não dava muita importância à ordem e à disciplina militar (de Maré P., 1985).

Bion (1961) concebia o indivíduo como um animal de grupo. Deste ponto de vista concorda com Freud: a psicologia de grupo é a psicologia mais antiga.

O grupo é o resultado dos conflitos intrapsíquicos com objetos internos e há uma mente inconsciente que pode ser analisada; é o produto das contribuições anônimas dos membros participantes individuais.

De acordo com conceitos psicanalíticos, para Bion o grupo tem dois níveis: superficial e profundo, manifesto e latente, consciente e inconsciente, primário e secundário, de realidade e fantasia (Bion W. 1961; Anthony E. J., 1957; Neri C., 1996).

O nível superior é constituído pelo *grupo de trabalho*. É o nível consciente e racional. Neste nível os membros se reúnem para cumprir algumas tarefas e determinam um líder que tenha a capacidade de ater-se à realidade da situação.

O nível mais profundo corresponde aos *supostos básicos* e é dominado pelas emoções. Os supostos básicos são as necessidades fundamentais comuns a todos os membros do grupo.

Neste nível os indivíduos se reúnem para:

a. encontrar um líder (não necessariamente uma pessoa, mas também uma idéia, uma religião, uma instituição etc.) que satisfaça a necessidade de dependência e com o qual se sintam protegidos, defendidos e nutridos (*suposto de dependência*);

b. encontrar um parceiro sexual ou de outro tipo, por exemplo de idéias (*suposto de acasalamento*), na esperança que desta união possa nascer um messias salvador do grupo;

c. encontrar um líder que guiará ao ataque ou à fuga frente a um perigo ou inimigo comum (*suposto de luta e fuga*).

Os supostos básicos são expressão de defesa contra as ansiedades psicóticas de fragmentação individual. Os indivíduos se reúnem para defender-se desta angústia.

No nível manifesto, o grupo é mantido reunido no trabalho e os membros colaboram voluntariamente com o trabalho do líder.

Num nível mais profundo, Bion postula a existência de um fator de coesão espontânea, a *valência* que é a capacidade dos indivíduos de combinar-se autonomamente com os outros segundo os supostos básicos que compartilhem.

Os supostos básicos encontram uma referência nos denominados *fenômenos protomentais*: os supostos não estão sempre ativos, nem o são contemporaneamente. Quando inativos estão confinados no sistema protomental (ver também Giampà M., 1998).

Segundo Schermer (citado por Profita e Venza, 1995, p. 65), os supostos básicos se aproximam muito estreitamente aos três imperativos biológicos dos grupos humanos: aleitamento – educação dos filhos (suposto de dependência); reprodução da espécie (suposto de acasalamento); e proteção do grupo dos perigos internos e externos (suposto de luta e fuga).

Em todas as situações de grupo sempre estão presentes os níveis do grupo de trabalho e o dos supostos básicos.

A função do analista, segundo Bion, é a de interpretar, e a interpretação é devolvida a todo o grupo e mais precisamente aos supostos básicos. O objetivo final é o conhecimento do nível profundo e a transformação do grupo de supostos básicos em grupo de trabalho.

Em suma, *o grupo é quase sempre lidercêntrico*; é um grupo de aprendizagem por meio da experiência e não terapêutico.

Ezriel H. tem uma concepção de grupo semelhante à de Bion. Distingue-se dele em dois aspectos: uma visão particular da transferência e o conceito de "tensão comum nos grupos".

A relação paciente-terapeuta se manifesta em três tipos de transferência: a necessária, a evitada e a desastrosa. Todo paciente procura no grupo o equilíbrio mais vantajoso entre os três tipos: cria-se uma tensão inconsciente da qual emerge a estrutura comum de grupo, isto é, "um comportamento transferencial de grupo que representa de uma certa maneira o denominador comum da transferência individual" e que permite "tratar o grupo no seu conjunto como se fosse um paciente individual e interpretar tudo que ocorrer, segundo os três tipos de transferência" (Profita e Venza, 1995, p. 71).

3. Psicanálise por meio do grupo ou mais propriamente grupoanálise.

Fundada por S. H. Foulkes, tendo como principais representantes Patrick de Maré, James Anthony, Malcolm Pines, Dennis Brown e outros colegas e discípulos de Foulkes que fundaram a Sociedade de Grupoanálise de Londres e o Instituto de Grupoanálise.

Foulkes S. H. é autor do segundo experimento de Northfield, amplamente descrito em Introduction to Group Analytic Psychotherapy (1948). Foulkes coloca o grupo no centro da terapia:

> "Devemos perceber e avaliar a situação total da vida do paciente e não ao contrário ver a vida e a realidade como uma simples projeção, defesa e espelho das fantasias inconscientes, ainda que ao mesmo tempo o sejam. A verdade é que não podem ser separadas" ...
>
> "A topografia da mente, desenvolvida pela psicanálise, assinalando certas funções ao ego, id e superego, deu razão teoricamente ao fato de que o mundo externo vem internalizado e que o mundo interno dinâmico do homem é um microcosmo espelhado do mundo inteiro ou pelo menos de todo o seu mundo inteiro"...

O grupo, a começar pelo familiar,

> "é englobado no núcleo mais interior da mente humana e incorporado no ego e superego da criança formando aí seu verdadeiro núcleo" (Foulkes S. H., 1948, pp. 42, 43, 38).

O processo terapêutico se baseia na comunicação e na tradução do significado desta. A intervenção é comumente direta aos indivíduos (Foulkes S. H., 1948, 1957, 1964, 1975). A ênfase é sobre a matriz dinâmica da comunicação que se baseia em uma contínua interação entre o intrapsíquico, o interpessoal e o transpessoal. *O terapeuta faz parte do grupo, o grupo é centrado no grupo.*

Esses conceitos são apresentados em detalhes nas páginas seguintes.

Parte I

A Grupoanálise

O Grupo Pequeno

Princípios Teóricos

Em *Psicologia das Massas e Análise do Ego* (1921), *S. Freud* afirmou que "um conjunto primário de pessoas é constituído de um certo número de indivíduos que colocaram um único mesmo objeto a serviço do ego ideal e estão identificados uns com os outros em seu ego" (p. 64). "Na igreja, como no exército, vige a mesma ilusão na base da qual existe um líder supremo (na igreja o Cristo, no exército o comandante-em-chefe) que ama igualmente todos os indivíduos componentes da massa, cada um com exclusividade. Tudo fica subordinado a tal ilusão: se esta desmoronar, igreja e exército não tardariam a desagregar-se" (p. 39).

Neste grupo artificial cada indivíduo é libidinalmente ligado, por um lado a um chefe, por outro aos demais indivíduos componentes da massa... "Fenômeno fundamental da psicologia coletiva é a ausência de liberdade do singular no interior da massa" (p. 41). Trata-se, portanto, de uma organização vertical, centrada num líder e narcisista.

Freud fez também referência ao inconsciente coletivo e às fantasias primordiais que têm origem filogenética e aparecem nos mitos, fantasias e sonhos.

No *Compêndio de Psicanálise*, Freud escreveu:

> "os sonhos trazem à luz um material que não pode ter-se originado nem da vida adulta de quem sonha nem de sua infância esquecida. Somos obrigados a considerá-los parte de uma herança arcaica que uma criança traz consigo ao mundo, antes de qualquer experiência própria, influenciada pelas experiências de seus antepassados. Descobrimos a contrapartida deste material filogenético nas lendas humanas mais antigas e em costumes que sobreviveram. O sonho é, então, uma fonte não desprezível para o conhecimento da história humana" (Freud S., 1938, p. 39).

C. G. Jung (1934-1954), porém, foi quem estudou amplamente o inconsciente coletivo e os arquétipos, conteúdos universais do psiquismo normal e patológico que pertencem a todas as culturas e a todas as épocas. No inconsciente coletivo está contida a hereditariedade filogenética.

Para Jung (citado por Jacobi),

> "o inconsciente coletivo, enquanto totalidade de todos os arquétipos, é o depósito de todas as experiências humanas desde os mais obscuros primórdios; não um depósito morto, mas sistemas vivos de disposição e reações que determinam a vida individual por vias invisíveis... é a fonte dos instintos, enquanto os arquétipos não são outra coisa que as formas de manifestação dos instintos..." (Jacobi J., 1971, p. 41).

O inconsciente coletivo, matriz suprapessoal,

> "é o equivalente interno da criação do primeiro dia do seu ser e do seu vir a ser, um mundo interno de infinidade igual àquela do mundo externo... O inconsciente coletivo contém todos os conteúdos da experiência psíquica humana, tanto os mais positivos como os mais negativos... A vida do arquétipo é sem tempo e sem fim..." (Jacobi J., 1971, pp. 60-61).

Para Jung, o processo de maturação e individuação é um processo arquetípico que implica a integração na personalidade de todas as partes cindidas.

W. Bion (1961) foi um dos pioneiros do *approach* psicanalítico da psicoterapia de grupo. Como já citado, Bion tem o mérito de ser o primeiro a tentar o tratamento de um grupo grande – no primeiro experimento de Northfield –, embora o experimento tenha durado, no total, somente seis semanas.

Como referiu P. de Maré,

> "Bion considerava o grupo ampliado, de cem a duzentos membros, como o tronco principal de uma árvore, desde o qual se parte e explora as tensões dos grupos de atividades menores, uma vez que estes estivessem dispostos a se reunir" (de Maré P., 1985, p. 160).

A contribuição fundamental de Bion está em haver individualizado os supostos básicos. Os supostos representam um complemento das observações de Freud sobre as massas. São particularmente evidentes nas primeiras fases de tratamento e se repetem especialmente em momentos de regressão do processo grupal.

Bion, seguindo o pensamento de M. Klein sobre o instinto de morte, apontou na defesa da angústia psicótica individual de cisão, fragmentação e destruição, um dos estímulos básicos à agregação grupal, segundo os supostos básicos de dependência, acasalamento, luta e fuga (defesa comum da destrutividade, projeção para fora da destrutividade).

O conceito de grupo de trabalho é uma antecipação, ainda que apenas uma aproximação incompleta, daquele de ideocultura de de Maré (como exposto em seguida).

A grupoanálise de *S. H. Foulkes* (1948) começa exatamente no ponto em que Freud, Jung e Bion se apoiaram. Com a constituição do *pequeno grupo analítico*, composto de sete a oito membros dispostos em círculo, *Foulkes estrutura um processo de individuação.* O líder inicia assim uma gradual retirada estratégica, num crescendo de descentralização, em favor da livre comunicação e do diálogo entre os membros (*free floating discussion*). Os indivíduos são assim colocados em condições de adquirir uma autonomia funcional desvinculada do líder e dos outros membros. O diálogo e a livre comunicação permitem a superação das barreiras narcísicas, a livre expressão, a afirmação e o reconhecimento do indivíduo. É o instrumento operativo por meio do qual aquilo que é inconsciente e sem significado, se torna consciente e significativo. O indivíduo se diferencia mediante um contínuo confronto de semelhanças e diferenças com os outros (*self training in action*).

O diálogo é, definitivamente, o instrumento de transformação e amadurecimento das culturas narcisistas pré-genitais e de afirmação do primado da genitalidade (de Maré P., 1991).

Os conceitos fundamentais da Grupoanálise podem ser assim sintetizados:

Esquema 1 – *Relação Indivíduo-Grupo*

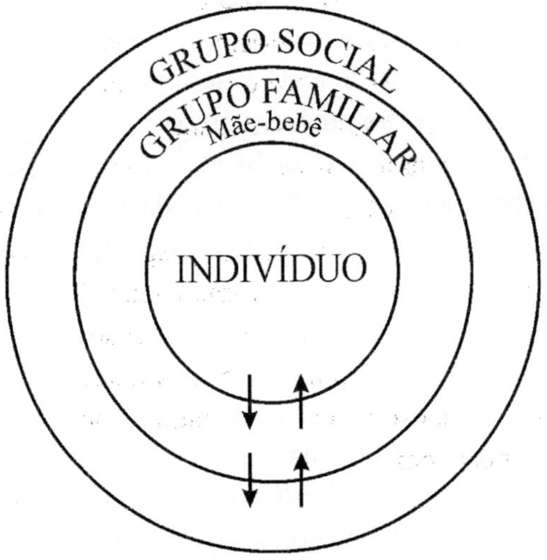

O indivíduo está em estreita relação com o sistema mãe-bebê, por sua vez ligado ao sistema da família, que está em relação com o grupo social (Esquema 1). De acordo com Foulkes (Foulkes S. H.;

Anthony E. J., 1957, 1973), o bebê está fixado aos seus pais, que estão por sua vez fixados às suas famílias, regiões, culturas, religiões e nações. O indivíduo, à medida que cresce, contribui para constituir o contexto relacional.

O intrapsíquico, que podemos fazer coincidir com a estrutura tripartite da mente em *id*, *ego* e *superego*, está em estreita interdependência com o interpessoal ou rede de interações, e o transpessoal ou matriz grupal (Esquema 2).

Esquema 2 – *Relação entre Intrapsíquico, Interpessoal e Transpessoal*

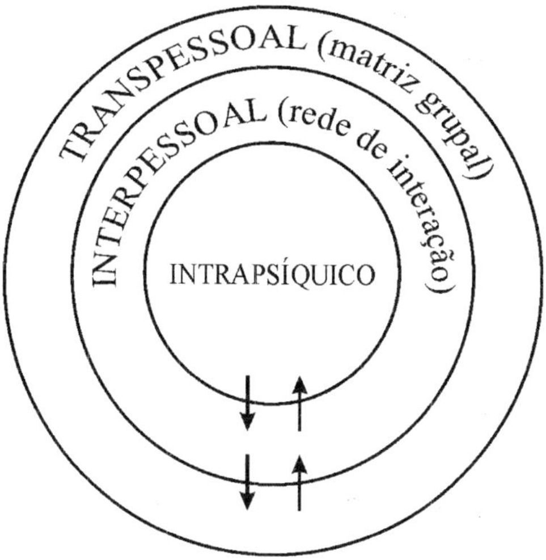

Rede de interação (Esquema 3) significa que o equilíbrio individual intrapsíquico está estreitamente ligado ao equilíbrio das relações interpessoais, e que toda ruptura ou modificação individual comporta uma ruptura ou modificação de toda rede e vice-versa (dinâmica de grupo) (Foulkes S. H.; Anthony E. J., 1957, 1973; Foulkes S. H., 1964).

Matriz grupal significa que esta rede de comunicação e de relação contém os conteúdos que consistem no patrimônio biológico e cultural que os indivíduos têm em comum (matriz de base).

Esquema 3 – *Rede de Interação*

1. Equilíbrio interno ⇆ equilíbrio relação interpessoal e vice-versa
2. Ruptura equilíbrio individual ⇆ ruptura equilíbrio toda rede e vice-versa (dinâmica de grupo)
3. Paciente: porta-voz e bode expiatório
4. Mecanismos de defesa: significado interativo e secundariamente intrapsíquico
5. Sintomas: formação de compromisso do conflito indivíduo-grupo
6. Conflito intrapsíquico: reverso da medalha do conflito indivíduo-grupo
7. Medo de ataque e fragmentação → isolamento narcísico do qual os sintomas são expressão
8. Os sintomas são ainda comunicação indireta, mascarada e distorcida

De acordo com Foulkes, a mente é a expressão individual dos processos transpessoais que acontecem através do indivíduo. A Matriz é um sistema psíquico no contexto do qual o indivíduo se origina e se exprime: isto vale para dentro e para fora, no social e vice-versa. Os indivíduos participam dos processos transpessoais dos quais estão investidos e os remodelam, por sua vez, de modo pessoal. A mente é expressão da matriz grupal da qual representa uma variante única. "Os grupos que colocamos juntos carregam consigo um terreno notavelmente comum que preexiste a todas as suas interações. Esta foi chamada *matriz de base*. Além disso, o grupo único (*terapêutico, n.d.a.*) desenvolve por si um terreno comum, em contínuo crescimento de compreensão, cultura, conhecimento recíproco e esperança; desenvolve memória e continua a ser permeado daquilo que caiu no passado. Esta é a *matriz dinâmica*, a matriz específica do grupo" (Foulkes S. H., 1971, p. 32 do texto inglês).

Lo Verso G. (1995) distinguiu o transpessoal em cinco níveis: biológico-genético, étnico-antropológico, transgeracional, institucional e sociocomunicativo, na seqüência em que o compartilhamento atenda mais a memória biológica no curso do processo evolutivo do homem, ou mesmo o conjunto da experiência relacional sociofamiliar interiorizada quando do nascimento.

A rede de interação é responsável pela psicopatologia individual.

O paciente é a expressão da psicopatologia grupal; é um porta-voz e, enquanto ponto nodal mais débil desta rede, naturalmente se torna significativo como bode expiatório (Foulkes S. H.; Anthony E. J., 1957, 1973). A "neurose infantil" individual é a expressão da "neurose infantil do grupo" e tem seu início na familiar.

Os mecanismos de defesa existem, portanto, porque o ego tem de levar em conta o superego (que é uma estrutura social) e a realidade externa. Esses são modelos interativos sociais apreendidos no fim da infância precoce (Pisani R. A., 1991a).

Os sintomas são uma formação de compromisso, não só do conflito intrapsíquico entre o id e o ego, mas antes de tudo do *conflito indivíduo-grupo*. O conflito intrapsíquico é o reverso da medalha do conflito indivíduo-grupo. Este conflito implica que o indivíduo não pode exprimir-se na relação grupal por medo de ser atacado, punido, excluído, fragmentado e destruído. Para se defender recorre ao mascaramento e à distorção e se retira para um isolamento narcísico do qual os sintomas são a expressão. Os sintomas são, portanto, uma comunicação mascarada e distorcida.

Estes conceitos são comuns a outras teorias, entre as quais a teoria dos sistemas, com as seguintes diferenças.

A grupoanálise é uma psicoterapia psicanalítica. Falamos de psicoterapia psicanalítica quando levamos em consideração:

1. o inconsciente;
2. o conteúdo do inconsciente – as pulsões instintivas do *id*, o reprimido e os mecanismos de defesa que protegem o inconsciente pessoal; os arquétipos que protegem o inconsciente coletivo;

3. a análise – todo trabalho que é feito para tornar consciente o inconsciente e para obter uma mudança.

A *psicanálise* opera sobre uma relação dual baseada na transferência-contratransferência.

A *grupoanálise,* em vez disso, opera sobre uma relação multipessoal baseada na *transferência múltipla*, mas também sobre *muitos outros fatores não transferenciais* mais inerentes ao contexto social relacional do *hic et nunc*: o espelhamento, a ressonância, a experiência emocional corretiva, o treino do ego em ação, a socialização etc.

A *situação total de terapia* (T) compreende a *transferência* (t) e *todos os outros fatores do hic et nunc* (x) (Esquema 4) (Foulkes S. H., 1964; de Maré P., 1972).

Esquema 4 – *Psicoterapia Psicanalítica*

PSICOTERAPIA PSICANALÍTICA
***Inconsciente*:** pulsões instintivas, reprimido
mecanismos de defesa (inconsciente pessoal)
arquétipos do inconsciente coletivo
***Análise*:** todo o trabalho feito
para tornar consciente o inconsciente mudança
PSICANÁLISE
Relação dual: transferência-contratransferência
Identificação projetiva
Contra-identificação projetiva
GRUPOANÁLISE
(Pequeno grupo de Foulkes)
Relações multipessoais
$T = t + x$
t = Transferência múltipla
x = *Hic et nunc*: espelhamento, ressonância,
experiência emocional corretiva, tre inamento de ego em ação, socialização

A transferência múltipla implica projeção transferencial não só sobre o terapeuta, que obviamente é o objeto de maior investimento transferencial, mas também sobre outros membros e o grupo no total. O grupo, como tal, é vivido intensamente, a nível profundo, como mãe.

O *passado reprimido* (t) se encontra com o *presente atual* (x). A *análise vertical* (t) combina simultaneamente com a *análise horizontal* (x).

Do mesmo modo que a psicanálise, a grupoanálise compreende *fatores terapêuticos de apoio* e *analíticos.*

Os principais *fatores de apoio* podem ser individualizados em catarse, reasseguramento e atenuação do sentimento de culpa, coesão e sentimento de pertencer, compartilhamento, altruísmo, tolerância, infusão de esperança, reforço e modificação dos mecanismos de defesa no sentido menos regressivo e mais progressivo, empatia etc. São muito importantes na criação da atmosfera adaptada para a livre expressão individual. São as condições indispensáveis para que os fatores analíticos possam entrar em ação.

Os fatores *analíticos* incluem não só a *elaboração da transferência e das resistências*, mas também *fatores mais específicos* (Foulkes S. H.; Anthony E. J., 1957, 1973; Pines M., 1984), resumidos aqui na seqüência.

Por meio do *espelhamento,* vários aspectos da imagem corpórea, psicológica e social são descobertos na interação com os outros. O grupo é uma "sala de espelhos" e representa o instrumento fundamental para a descoberta da própria identidade real individual. Os outros membros personificam parte ou partes do *self*, parte ou partes do corpo.

A reação de espelho permite a expressão dos mecanismos mais precoces: a negação, a cisão, a projeção, a introjeção, a identificação projetiva e introjetiva; corresponde ao mundo das relações primitivas e narcísicas com os objetos internos e parciais. As reações especulares ajudam a diferenciar o *self* do não *self* e a sair do narcisismo.

"A criança narcisa aprende a distinguir a sua imagem da dos outros. As reações especulares são, portanto, mecanismos essenciais na resolução do narcisismo primário" (Foulkes S. H.; Anthony E. J., 1957, 1973, p. 123).

A *ressonância* se refere ao diverso significado que pode ter, para todo membro individualmente, qualquer evento no grupo em relação ao nível no qual opera o conflito pessoal: oral, anal, fálico, edípico etc.

A *experiência emocional corretiva*, o *ego training in action* (treinamento do ego dentro da ação) e o *self training in action* (individuação) têm um papel de primeira ordem na situação grupoanalítica. A compreensão intelectual tem escasso valor. A real tomada de consciência e assimilação dos fenômenos inconscientes (*insight-outsight*), e a relativa mudança comportamental só acontecem quando as emoções estão inteiramente empenhadas na sua aquisição. Esta é a premissa fundamental para a reestruturação ou o reforço do *ego* e do *self.*

Em particular, o grupo atenua a censura e libera as energias do *id* e, ao mesmo tempo, substitui o superego arcaico severo e punitivo. As relações entre o *ego* e o *id* por um lado, e o *ego* e o *superego* por outro, se modificam a favor de uma maior liberdade e força do *ego* e da reestruturação do *self* (ver também pp. 47-48).

Por meio da *socialização* o indivíduo egocêntrico e lidercêntrico torna-se altruísta e grupocêntrico. *Portanto, sai progressivamente do isolamento narcísico para entrar no mundo das relações com o exterior.*

O grupo analítico instaura uma rede de relações e comunicações (*Matriz de grupo*) interagindo continuamente em outros níveis (Esquema 5):

1. nível de realidade no qual o grupo representa a comunidade, a sociedade, a opinião pública;
2. nível de transferência que mantém as relações objetais maduras; grupo como família;
3. nível projetivo: os outros membros representam partes do *self* ou do corpo; o grupo representa as relações com os outros objetos internos;
4. nível primordial no qual emergem os arquétipos do inconsciente coletivo.

Esquema 5 – *Matriz de Grupo*

Matriz de grupo
(S. H. FOULKES)

↓

Rede de relações
e
Comunicações

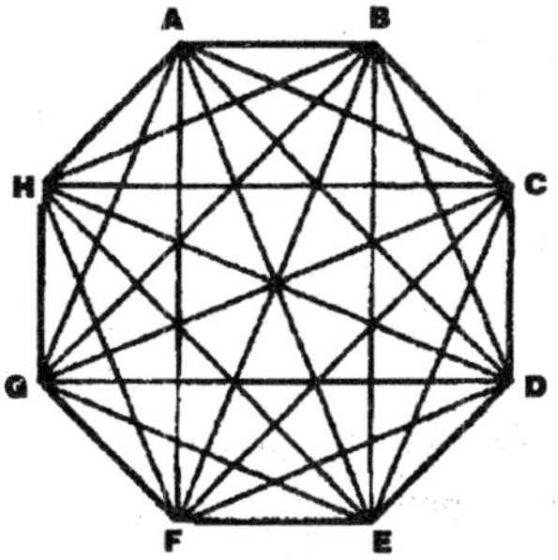

Níveis de Comunicação

1. Nível de realidade: Comunidade – Sociedade – Opinião Pública
2. Nível de transferência: Relações objetais maduras:

   Grupo como família:

   Pai – Mãe – Irmãos
3. Nível projetivo: Outros personificam parte ou partes do *self* ou do corpo – Relações objetais internas
4. Nível primordial: Arquétipos do inconsciente coletivo

A Matriz de grupo está em contínua evolução (matriz dinâmica) (Foulkes S. H., 1964, 1973).

O conceito gestáltico de que o todo é precedente e mais elementar que as partes adquire um valor particular. O grupo e o indivíduo são complementares. Em alguns momentos o indivíduo está em primeiro plano (figura) e o grupo no fundo; em outros ao contrário: é o grupo que está em primeiro plano; o indivíduo fala em nome do grupo, os conteúdos do grupo contemplam o indivíduo.

> "Todo evento singular num grupo, embora pareça envolver só um ou dois membros, tem uma certa configuração que envolve o grupo como um todo. Tal evento é parte de uma *Gestalt (Configuração)* da qual essa é a figura, enquanto o fundo se manifesta no resto do grupo. É a mesma relação que está entre o herói e o coro das tragédias gregas... Édipo cometeu os únicos dois crimes que perturbavam gravemente a sociedade primitiva: parricídio e incesto. Ele se põe como representante do destino do homem para cometer tais crimes, e deve ser por sua vez punido para pagar os sentimentos de culpa que a presença ativa destes desejos suscitaram. A tragédia representa um conflito de desejos na mente do público, o desejo de cometer um crime edípico e o de escapar das conseqüências. Édipo representa um dos desejos, e o coro o outro... O grupo terapêutico põe em evidência o insuprimível vínculo emocional que une os atores e a platéia... Põe em evidência como as tendências conflituais do grupo encontram seu porta-voz que exprime sentimentos comuns a todos... põe em evidência como os mecanismos de defesa do grupo operam para projetar os próprios desejos sobre um bode expiatório individual... e enfim, como o coro contraposto ao herói, o grupo contraposto ao coordenador ou a todos os outros membros do grupo, se torna o campo no qual se situa o conflito de base" (*Localização* do conflito de base) (Foulkes S. H.; Anthony E. J., 1957, 1973, pp. 194-198).

Por esta razão, a grupoanálise é uma psicoterapia psicanalítica feita por todo o grupo, sob a guia de um coordenador, por intermédio da comunicação e do trabalho de tradução do significado das comunicações. Partindo da comunicação baseada sobre sintomas, passa-se gradualmente aos problemas e aos conflitos inconscientes, posto que são assim decifrados e tornados manifestos (Foulkes S. H., 1957, 1964; Ondarza Linares J., 1975). A configuração e a localização do conflito de base fazem um papel muito importante no trabalho de tradução (no qual participa todo o grupo) que permite a emergência do significado inconsciente, amplamente compartilhado, para benefício de todo o grupo.

Este trabalho de tradução é favorito de alguns fenômenos que se inscrevem na gestalt do grupo, como os fenômenos da corrente e do condensador.

O fenômeno da *corrente* tem um significado de particular importância. Retoma na *free floating discussion* (discussão livre de grupo ou associação livre de grupo, equivalente das associações livres do tratamento individual). Todo membro pode completar uma associação com outra, por meio de comentários, relatos, confrontos, sonhos, fantasias, interpretações conscientes ou, como acontece, inconscientes etc. É seguindo a cadeia de associações que emerge o significado da comunicação.

Às vezes o inconsciente coletivo age como *condensador* e descarrega inesperadamente por intermédio de sonhos, fantasias, medo etc. É a

> "descarga de improviso de material profundo e primitivo conseqüente ao confluir de associações de idéias no grupo... é como se o inconsciente coletivo agisse como condensador, acumulando imperceptivelmente a carga emocional gerada pelo grupo, e fazendo a descarga sob o estímulo de qualquer evento de grupo compartilhado por todos" (Anthony E. J., 1957, 1973, p. 124).

O trabalho de tradução conduz ao amadurecimento da matriz grupal que, por sua vez, gera a mudança individual (self training in action*). A maturação do indivíduo tem um benefício ulterior para a matriz grupal, num* continuum *dinâmico e circular* (Esquema 6).

Esquema 6 – *Grupoanálise*

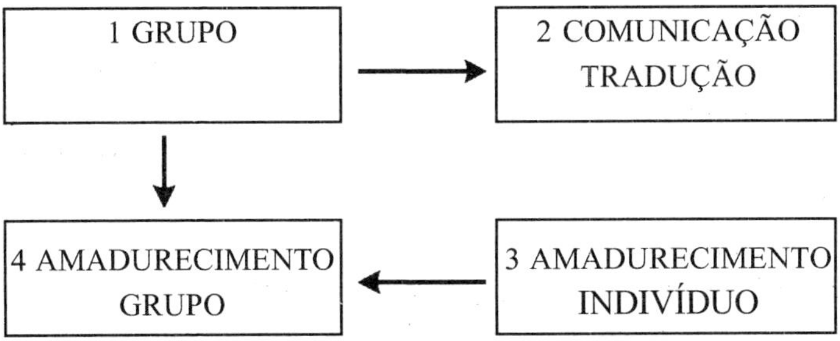

O Método

O método grupoanalítico se baseia sobre a tríade *estrutura, processo* e *conteúdo*, formulada por Anthony (Foulkes S. H.; Anthony E. J., 1957).

A *estrutura* se refere aos participantes, aos aspectos espaço-temporais, à organização e às normas que a regulam.

Quanto ao número de participantes, o grupo se distingue em *pequeno* (*small*) de 7 a 12 membros, *intermediário* (*median*) de 12 a 30 membros e *grande* (*large*) mais de 30 membros.

O grupo é *fechado* (*closed*) se os mesmos participantes iniciam e terminam juntos a terapia; *semi-aberto* (*slow-open*) quando os participantes são substituídos sucessivamente porque cessam ou interrompem a terapia; *aberto* (*open*) quando os membros mudam continuamente.

A estrutura concerne ao lugar, à habitação e disposição dos móveis, à disposição das cadeiras num círculo único, ao posto habitualmente ocupado e à troca deste, ao horário de início e fim da sessão, à duração da sessão, às férias, honorários e pagamento dos tíquetes nos serviços públicos e ao uso ou não de instrumentos como registrador ou vídeo-registrador. Refere-se também à regularidade e pontualidade da participação, à discrição, à abstinência, aos eventuais relacionamentos externos etc.

A *duração* ótima da sessão está convencionada em 1h30; a *freqüência* média é de uma ou duas sessões por semana.

Atenção especial é dada à *seleção dos pacientes*. Geralmente os critérios são os mesmos da psicanálise. A terapia é indicada para os pacientes dotados de *capacidade de insight-outsight* e de *motivação* profunda para a terapia e para as mudanças. A idade e o nível de instrução têm valor relativo, enquanto tem maior importância, para fins de indicação e de prognóstico, o que se adquire com o estudo da *rede relacional,* especialmente a familiar, e dos *mecanismos de defesa.* Se o paciente é o porta-voz da psicopatologia do grupo ao qual pertence é também o "bode expiatório". É, portanto, a expressão dos mecanismos de cisão e identificação projetiva grupal; representa o mecanismo de defesa grupal. Deste ponto de vista, a mudança do paciente implica uma dinâmica do grupo de ter atribuição de oposição e resistência, porque toda mudança coloca em discussão o equilíbrio, por assim dizer homeostático, de todo o grupo.

Do ponto de vista *clínico nosográfico* a grupoanálise é indicada para pacientes neuróticos, psicossomáticos, borderlines e psicóticos, com a condição de serem dotados de capacidade de *insight-outsight* e motivação. Para os *borderlines* e os *psicóticos* é atentamente valorizada a relativa estabilidade e força do ego indispensáveis para o tratamento. A situação grupoanalítica é de forte manutenção e contenção por um lado, e de adestramento do ego ao exame da realidade por outro (*ego training in action*). O tratamento grupoanalítico dos psicóticos é obviamente possível fora dos estados agudos.

Quanto à seleção os grupos se distinguem em *heterogêneos* e *homogêneos.*

Os *grupos heterogêneos* por sintomatologia, idade, cultura, sexo, religião etc. são nitidamente preferíveis. A heterogeneidade é expressão do contexto sociocultural e está na base do espelhamento das partes do *self.*

Os *grupos homogêneos* podem ter indicação relativa para algumas categorias de pessoas, por exemplo, grupos de crianças, adolescentes ou idosos, prisioneiros, ou mesmo com problemas particulares como homossexualidade, perversões etc. difíceis de comunicar. Podem estar indicados, a fim de pesquisa, para o estudo e tratamento de determinados distúrbios, como os psicóticos ou psicossomáticos ou mesmo as perversões.

O *processo* se refere aos aspectos dinâmicos ativados no interior da estrutura, à ação que se desenvolve entre os participantes naquele determinado lugar e naquele determinado tempo. A *ação* é constituída pela interação, comunicação e relação interpessoal que, como já mencionado, se desenvolvem em outros níveis que interagem continuamente: nível de realidade, de transferência, de espelho e primordial. A comunicação fundamental é a verbal, mas todas as comunicações não verbais (mímica, gestual, representação etc.) são também significativas. Particular significado dinâmico adquirem as comunicações indiretas como os atrasos, as faltas, os silêncios, as trocas de lugar, os *acting out* etc. Não se fala simplesmente por falar, mas para comunicar, interagir e compreender em níveis íntimos e profundos.

A comunicação verbal é equivalente à associação livre da psicanálise; é a associação de grupo de Foulkes definida como *free floating discussion* (Foulkes S. H.; Anthony E. J., 1957, 1973). O material produzido pelo grupo por meio das associações livres é submetido à análise, estudado e interpretado por todo o grupo, sob a monitoração do terapeuta. A *comunicação manifesta* é utilizada para chegar, mediante o trabalho de análise e interpretações, ao *significado latente*. Passa-se da comunicação por meio de sintomas à decifração, tradução e interpretação dos significados latentes subjacentes que sejam trazidos à compreensão de todo o grupo.

A elaboração do material produzido pela interação, leva ao amadurecimento do grupo que, como já mencionado, se traduz no amadurecimento dos indivíduos, os quais, por sua vez, contribuem para a ulterior maturação do grupo, num *continuum* dinâmico e circular (Esquema 6).

O processo terapêutico enquadrado na evolução ideal no tempo pode ser dividido em três fases: 1. inicial; 2. intermediária; 3. final (Foulkes S. H.; Anthony E. J., 1973).

A *fase inicial* é a do pensamento mágico. O grupo depende do terapeuta onisciente e onipotente; ele sabe tudo, é aquele que cura e é o artífice na fantasia de rápida recuperação da saúde. É a fase na qual os pacientes se dirigem ao terapeuta, fazem perguntas ao "sabido" e assim esperam uma resposta (que não chega), mas também é aquela na qual o terapeuta instaura uma modalidade de comunicação horizontal, de paciente para paciente. Predomina a discussão sobre os sintomas e se descobre como a maior parte dos mesmos são amplamente compartilhados. A catarse e a atenuação do sentimento de culpa, via "confissões públicas", têm um papel importante neste estágio. É a fase na qual emergem mais facilmente os supostos básicos descobertos por Bion.

A *fase intermediária* é aquela na qual o centro de referência é transferido do terapeuta ao grupo. As comunicações não são mais verticais, mas prevalentemente horizontais. As comunicações interpessoais acontecem sobre o fundo transpessoal social. O terapeuta adquire as dimensões de um membro do grupo com funções particulares, e os pacientes assumem um papel ativo. A atenção se transfere dos sintomas ao seu significado e todo o grupo está empenhado no trabalho de análise, tradução e interpretação do material produzido.

Entram em jogo as manifestações transferenciais, os fenômenos de espelhamento e ressonância, a experiência emocional corretiva com as emoções seguramente empenhadas no processo de conhecimento, o *ego training* e o *self training in action*, a socialização etc.

O compartilhamento se desloca dos sintomas para os conflitos e problemas subjacentes. O inconsciente reprimido, individual e social, é evidenciado e tornado consciente. O "aqui e agora" e o "lá e então" são elaborados contínua e simultaneamente.

A *fase final* é aquela na qual os membros se reapropriam da individualidade. Sob o fundo do compartilhamento se estabelecem com exatidão, a partir da elaboração de semelhanças e diferenças, os confins do *self* e a afirmação da individualidade e autonomia. A individuação se realiza sobre a base de uma contínua integração do inconsciente individual e coletivo na personalidade, e sobre a costura das partes cindidas do *self*.* O ego está mais apto para adaptar-se à realidade. Os pacientes são restituídos à vida normal.

Para Usandivaras R. (1986a), o processo grupoanalítico é arquetípico, cuja meta final é a individuação e se desenvolve ao longo de quatro etapas fundamentais:

1. *caos* que repete o caos inicial da criação do mundo de tantas cosmogonias;
2. *fusão-desintegração*: para escapar ao caos, os membros do grupo se reúnem de modo impulsivo e desordenado. Esta fusão gera uma forte angústia de perder a identidade; para fugir a

isto se cria uma força centrífuga de separação que pode levar à desintegração do grupo. O perigo da dissolução gera uma nova força centrípeta de fusão. Esta fase corresponde aos supostos básicos de Bion. Depois de várias oscilações de fusão e desintegração o grupo se estabiliza na terceira etapa;

3. *communitas*: os participantes entram numa relação mais direta e profunda. O grupo se caracteriza pelo acompanhamento de material infantil individual ligado a fantasias arcaicas. À regressão histórica pessoal, se junta a filogenética transpessoal do inconsciente coletivo;
4. *individuação*: qualquer membro se destaca do estado de compartilhamento, adquirindo a própria individualidade para terminar a terapia e destacar-se do grupo.

Na realidade, o processo terapêutico não reflete necessariamente as linhas de evolução ideais descritas. O destino do grupo e dos pacientes individualmente depende de numerosas variantes e, antes de tudo, da seleção. A *duração e o êxito do tratamento* são condicionados pela boa seleção e pela motivação dos participantes. A resistência à mudança individual está estreitamente ligada, como já referido, àquela da rede relacional à qual pertence. A "vantagem" primária e secundária das neuroses no seu aspecto relacional, joga um papel de primeiro plano na duração e no êxito do tratamento. A resistência pode exprimir-se segundo várias modalidades: os silêncios, as faltas, os atrasos, o pagamento a menos dos honorários ou tíquetes nos serviços públicos, os *acting-outs*, os subgrupos etc. Como nas terapias individuais, é bastante fácil a tomada de consciência intelectiva, mas o verdadeiro *insight* que implica a mudança é difícil de realizar-se. *A terapia pode terminar* com uma *remissão sintomática*, com um *reforço do ego*, com uma *reestruturação do ego* e uma melhor *coesão do self* em conseqüência das motivações e das resistências. Para obter resultados importantes e duradouros, geralmente são necessários alguns anos (em média quatro a cinco).

Em alguns casos como, por exemplo, frente a fortes resistências consolidadas, pode ser útil completar ou passar do tratamento grupoanalítico à análise individual. É o caso dos pacientes nos quais os conflitos estão profundamente radicados nas primeiras fases do desenvolvimento infantil, que requerem maior elaboração por meio de uma mais profunda regressão transferencial psicanalítica. Num sentido ideal, no entanto, seria auspicioso que tais pacientes, depois de um oportuno tratamento individual, completassem a terapia em grupo para confirmar a complementaridade entre indivíduo e grupo: ou seja, aquilo que é intrapsíquico é ao mesmo tempo social e vice-versa.

O *conteúdo* se refere ao significado resultante da interação entre estrutura e processo. É o significado transpessoal ou suprapessoal que emerge da comunicação grupal, que compreende e é elaborado por todos os componentes, em vários níveis de profundidade crescente, e que está em contínua evolução (matriz dinâmica). Pode ser cada vez mais pertinente no nível de realidade, de transferência, o projetivo ou primordial da matriz, de acordo com o momento particular do grupo; nível que em todo caso está continuamente interagindo com os outros. A passagem dos conteúdos manifestos aos latentes, do processo primário ao secundário, assinala a maturação do grupo como um todo e dos seus componentes. A elaboração da neurose infantil grupal se desenvolve *pari passu* com à da neurose infantil individual, em direção à resolução ou à tentativa de resolução.

Deste ponto de vista, a matriz grupal evolui de conteúdos mais relativos à fase de desenvolvimento pré-genital para conteúdos sempre mais genitais, redimensionando sucessivamente as barreiras narcisistas isolantes e adquirindo significado a dimensão e a expansão social.

A Técnica

A função do terapeuta é de importância fundamental (Foulkes S. H., 1948, 1957, 1964, 1975a). O terapeuta é responsável pela seleção e pela terapia, e deste ponto de vista deve criar, cultivar e manter a atmosfera de grupo e a participação ativa dos membros.

A acurada seleção, não só em base à psicopatologia, mas sobretudo em base à diagnose psicodinâmica do conflito, dos mecanismos de defesa, da capacidade de *insight-outsight* e de motivações "viscerais" à mudança, é essencial (Foulkes S. H., 1975a).

Por essa razão, é oportuno que os pacientes sejam antes de tudo introduzidos num grupo de prova e seleção, particularmente útil para o diagnóstico psicodinâmico e para um prognóstico pelo menos indicativo. O grupo de prova deve ter a duração de alguns meses para todo paciente (Pisani R. A., 1991c).

À luz destas premissas, o terapeuta se senta no círculo comum a todos os outros e é visível por todos. Renuncia ao papel de líder autoritário e diretivo e usa a *técnica da livre discussão do grupo (free floating discussion)*, equivalente à associação livre da terapia individual: faz cair a censura, encoraja a livre comunicação entre os membros e instaura a atmosfera analítica.

O processo de interação do grupo se desenvolve em dois níveis: o consciente ou secundário e o inconsciente ou primário (Foulkes S. H., 1964, 1975a; Pisani R. A., 1986).

O nível consciente representa as relações humanas da realidade adulta atual. Neste nível, o terapeuta se comporta mais como um guia do que como um líder. Mantém-se em segundo plano, opõe-se à tendência do grupo de assumi-lo como ponto de referência, encoraja a sincera comunicação e a expressão dos sentimentos e reações emocionais. Comporta-se, definitivamente, num sentido corretivo da experiência emocional, promovendo a obtenção do sentido de realidade e da autonomia. Cria, portanto, as condições adequadas ao *ego training in action* e ao *self training in action*, ao amadurecimento e ao reforço do ego e do *self*, favorecendo o processo consciente de adaptação social aos outros membros e à realidade.

No nível inconsciente, o terapeuta representa uma autoridade primordial onisciente e onipotente de quem se espera uma solução mágica. É uma figura dotada de poderes divinos ou um ser diabólico ou ambos.

No início ele aceita esta posição no interesse da coesão do grupo, mas ao mesmo tempo começa o trabalho de progressivo abandono da dependência de um guia autoritário: "escava progressivamente a cova de sua autoridade".

Neste nível, o terapeuta é ainda uma figura de transferência para os membros individualmente. Comporta-se como o psicanalista do tratamento individual, não só por favorecer e interpretar os fenômenos transferenciais e não transferenciais, mas também por desenvolver a livre comunicação horizontal. Assume, portanto, a postura analítica de neutralidade, de não julgar, valorar, aconselhar, sugerir etc. Atém-se à regra de abstinência, não entretece relações fora da situação terapêutica, escuta com participação, é receptivo e aceita as reações de transferência.

O terapeuta tem um papel de primeiro plano na eliminação da atmosfera de censura e facilitação da queda dos mecanismos de defesa. Por um lado, faz um papel de canalizador ao instaurar e manter a associação livre e a discussão de grupo; por outro, faz o papel de analista. Promove e alimenta assim a cultura analítica que se torna progressivamente patrimônio de todo o grupo e dos membros que se tornam participantes sempre mais ativos. Por um lado, favorece o processo consciente de adaptação social aos outros membros e à realidade, por outro, o redimensionamento a nível infantil inconsciente da dependência da autoridade.

A realização desta função pode dirigir-se à estrutura nos seus vários aspectos (participante, ausente, atrasado etc.), ao individual ou grupal, ao intrapsíquico individual, ao processo interativo interpessoal ou ao conteúdo da interação. Sobre o fundo transpessoal da matriz grupal pode intervir nos níveis de realidade, de transferência, no projetivo e primordial, conforme a comunicação olhe prevalentemente um ou outro nível em determinado momento. Pode servir-se das interpretações em sentido estrito, pode fazer comentários e correlações, sublinhar certas intervenções ou associações, procurar informações, favorecer as associações e interpretações conscientes e inconscientes (*fenômeno da corrente*) por parte do grupo. *Sua intervenção tem o objetivo de favorecer a emergência do significado inconsciente das comunicações, o que interessa ao grupo inteiro.*

Favorecer a cultura analítica significa considerar todos os eventos, intervenções, comportamentos ou sintomas como uma comunicação cujo significado possa emergir da interação e do trabalho de tradução do grupo inteiro, de modo a ser visível e compreensível por todos. Como já referido, para Foulkes "todo evento, num grupo, é considerado como tendo seu significado no âmbito da rede total de comunicação, a Matriz de grupo, mesmo que grosso modo de refira mais especificamente a um ou outro membro. Isto constitui uma relação figura-fundo no interior do grupo" (Foulkes S. H.; Anthony E. J., 1957, 1973, p. 209).

Para desenvolver este papel é desejável que o grupoanalista tenha determinados dotes de personalidade, como intuição, flexibilidade, honestidade, paixão por este tipo de trabalho, capacidade empática, criatividade etc. Deve seguir, por outro lado, um caminho formativo análogo ao do psicanalista.

A formação compreende a análise grupoanalítica (possivelmente num grupo de pacientes), a formação teórica e a condução inicial sob supervisão (ver Parte II).

O caminho formativo ideal inclui um tratamento psicanalítico individual por cerca de dois anos para aprofundar os aspectos mais pessoais intrapsíquicos (Foulkes S. H., 1975a).

Será *desejável*, por fim, *uma única escola para a formação em grupoanálise e psicanálise* porque a grupoanálise e a psicanálise são complementares, assim como o são o grupo e o indivíduo.

O Grupo Intermediário

O grupo intermediário (*Median Group*) de de Maré (1991) é um desenvolvimento do grupo analítico pequeno de Foulkes e se situa em um espaço intermediário entre o grupo pequeno e o grande, muito mais perto do contexto social (Esquema 7). Tem uma dimensão compreendida entre 12 e 30 membros. Os princípios são os mesmos do grupo pequeno, mas aplicados a um *setting* mais amplo. *Desse modo, a atenção se desloca cada vez mais do intrapsíquico para o social*, ou melhor, para uma correlação maior entre o intrapsíquico e o social.

Esquema 7 – *Evolução da Grupoanálise de Freud a de Maré*

FREUD:	Psicologia das massas e análise do ego
JUNG:	Inconsciente coletivo – arquétipos
BION:	Supostos básicos
FOULKES:	Matriz de grupo (grupo pequeno)
DE MARÉ:	Sociedade (grupo intermediário)

Podemos assim retomar as idéias principais de Patrick de Maré (Esquema 8):

- o grupo intermediário põe o grupo no centro como objeto da terapia, de modo que a cultura e os mitos sociais (o inconsciente social) possam ser compreendidos numa situação que se aproxima à da comunidade;
- a ênfase é colocada muito mais sobre o *outsight* do que sobre o *insight*, ou melhor, sobre a correlação entre o *outsight* e o *insight*;
- a atenção se volta preferencialmente para o conflito entre o indivíduo e o grupo, mais do que para o conflito intrapsíquico, isto é, para uma correlação entre o conflito indivíduo-grupo e aquele intrapsíquico;
- o objetivo não é tanto o de socializar o indivíduo, quanto o de humanizar o contexto sociocultural, ou melhor, combinar a humanização do grupo com a socialização do indivíduo. Trata-se, portanto, de criar as condições sociais no âmbito das quais as individualidades humanas possam emergir e ser reconhecidas;
- o ódio primário recíproco, gerado pelo conflito indivíduo-grupo no *setting* maior, é gradualmente transformado, por meio do diálogo, em co-participação, co-divisão, comunhão (Koinonia). *O diálogo é o instrumento de transformação e amadurecimento das culturas pré-genitais e de afirmação do primado da genitalidade;*
- o grupo intermediário segue um método análogo ao dos grupos pequenos, baseado em estrutura, processo e conteúdo;
    1. disposição face a face num único círculo
    2. sessões regulares (uma ou duas vezes por semana, duração de 1h30)

3. discussão livre (*free floating discussion*)

- sob o olhar da técnica, enquanto no grupo pequeno o coordenador é uma figura transferencial e a principal projeção das figuras paternas, no grupo intermediário todo o grupo constitui a tela sobre a qual o superego é projetado. O terapeuta mantém mais o papel dos indivíduos ao nível do ego, encorajando a liberdade de diálogo e interpretando a natureza dos conteúdos e das pressões culturais e sociais. O objetivo principal do terapeuta é favorecer o diálogo, que é o instrumento fundamental por meio do qual o que é inconsciente e não tem significado se torna consciente e adquire significado;
- no grupo intermediário os aspectos não transferenciais são muito mais amplos e importantes do que no grupo pequeno. Trata-se, portanto, mais de uma situação de transposição cultural que de transferência. A atenção é voltada principalmente aos fatores do *hic et nunc*: espelhamento, ressonância, experiência emocional corretiva, *ego* e *self training in action*. O espelho, o *ego* e o *self training in action* ganham importância fundamental.

Em síntese, o grupo intermediário é uma microcomunidade criada artificialmente, por assim dizer em "laboratório", que desenvolve uma microcultura em contínua evolução maturativa. Este grupo maior abrange desde o mundo interno individual até a comunidade à qual o indivíduo pertence. Isso oferece um *setting* adaptado a compreender os modelos culturais grupais. Tais modelos, transpostos ao grupo, se estendem de um modelo instintual pré-edípico para um edípico de pais e irmãos (cultura familiar) até a cultura social.

Esquema 8 – *Grupo Intermediário*

GRUPO INTERMEDIÁRIO

- Contexto sociocultural como objeto de terapia.
- Ênfase maior sobre o *outsight* do que sobre o *insight.*
- Conflito indivíduo-grupo de importância fundamental.
- Objetivo: humanizar mais o contexto sociocultural do que socializar o ser humano.
- Ódio primário recíproco transformado, por meio do diálogo, em co-participação, comunhão, compartilhamento (Koinonia).
- Método afim àquele dos pequenos grupos: face a face, única fila de cadeiras em círculo, discussão livre, terapeuta não diretivo etc.
- Transposição cultural mais que transferência. Foco sobre o *hic et nunc*: espelhamento, ressonância, experiência emocional corretiva, ego e *self training in action.*

Para de Maré "a cultura do grupo é a mente do grupo". As culturas são três:

1. *Biocultura*: equivale ao *id* da mente individual. É constituída pelos modelos comportamentais baseados na fase de desenvolvimento psicossexual amplamente compartilhado. Compreende os níveis pré-edípicos (oral, anal e fálico) e edípicos, e os arquétipos do inconsciente coletivo. Temos assim culturas organizadas sobre modelos comportamentais de tipo oral, anal, fálico e genital (este último de mais difícil verificação).
2. *Sociocultura*: equivalente ao superego da mente individual. É constituída pela ideologia, pela moral, pelas leis, pelos valores, pelos ideais etc. dominantes. É repressiva, frustrante, antilibídica e antiincestuosa.

3. *Ideocultura*: equivalente ao ego da mente individual. É a cultura que cultiva a afirmação do *ego* e do *self*.

No grupo intermediário o choque entre a Biocultura e a Sociocultura é transformado, pelo diálogo, na Ideocultura (Esquema 9). *O amadurecimento individual vem, por assim dizer, "simultaneamente" com o grupal.*

Esquema 9 – *Mente do Grupo*

"A cultura é a mente do grupo." (de Maré)

Mente do Grupo		**Mente Individual**
Biocultura Nível pré-edípico e edípico: (oral, anal e fálico). Arquétipos do inconsciente coletivo.	=	***Id***
Sociocultura Repressiva, frustrante, antilibídica etc.	=	***Superego***
Ideocultura	=	***Ego***

Conflito entre

Biocultura ⇄ **Sociocultura**

Transformado por meio do diálogo em

Ideocultura
(Triunfo do *ego* e realização do *self*)

A Ideocultura do grupo intermediário permite a expressão das pulsões da Biocultura, redimensiona as pressões da Sociocultura e determina a afirmação do ego e do *self*. Mais ainda que no grupo pequeno, num contexto social maior o indivíduo aprende a falar e a dirigir as emoções suscitadas, e qualquer coisa se torna um exercício muito ativo. O ego se adapta, seja para fazer frente às forças repressivas ou às emoções liberadas (*ego training in action*). O indivíduo aprende gradualmente a pensar e a falar espontaneamente. As relações entre o *id* e o *ego* por um lado, e o superego por outro, se modificam a favor de uma maior liberdade e força do *ego*.

No início, o perigo do ataque persecutório por parte do grupo nos confrontos do indivíduo e da dissolução do indivíduo na massa (*conflito indivíduo-grupo*), dá origem a um pânico de intensidade quase psicótica. O medo de falar e de perder a identidade conduz a um isolamento narcísico. À medida, porém, que o diálogo prossegue, a identidade (o *self*) surge da atmosfera Koinônica da interação social. O diálogo encoraja a queda dos mecanismos de defesa e libera a expressão individual. Isso permite a superação das barreiras narcísicas individuais nos confrontos com o mundo externo.

O espelhamento tem um papel fundamental: o indivíduo chega a conhecer a si mesmo através da reação que provoca nos outros e a imagem que lhe é restituída. Aspectos inconscientes do *self* são descobertos mediante a interação e o diálogo. O indivíduo se diferencia por intermédio de um contínuo confronto de semelhanças e diferenças com os outros (Brown D. J., 1986; Pisani R. A., 1995a, b, 1997).

Em medida muito mais relevante que no grupo pequeno, a *individuação* é a expressão da integração do inconsciente individual e social a nível consciente, e do reconhecimento e da costura das partes cindidas do *self* (*self training in action*).

No que diz respeito à indicação, seleção, freqüência, duração etc. para o grupo intermediário, os critérios são análogos àqueles do grupo pequeno. Particular importância tem a capacidade de *insight-outsight*, a motivação para a mudança e uma relativa força do ego para os psicóticos.

Do mesmo modo que os pequenos grupos, o êxito do tratamento pode consistir em uma remissão sintomática, num relativo reforço ou na reestruturação do *ego* e do *self*.

Ilustrações Clínicas

Uma Sessão do Grupo Pequeno

A sessão considera o efeito dinâmico relativo ao fim da observação de uma psicóloga observadora, após o término de seu trabalho. É uma sessão do pequeno grupo conduzido por R. A. Pisani em 1986, no ambulatório da antiga Clínica de Doenças Nervosas e Mentais da Universidade de Roma.

O grupo é composto por sete pacientes: quatro mulheres e três homens.

T. é o terapeuta.

No início da sessão fala-se da mudança terapêutica, referindo-se a um membro que tinha terminado a terapia e que havia deixado o grupo há pouco.

D. logo nota que a psicóloga já não está.

R.: "É verdade, não me dei conta, era uma presença que não era presença".

N.: "Eu sim, já tinha dito na vez passada".

G.: "Eu, é a segunda vez que percebo".

R.: “Vi uma cadeira vazia, mas não realizei, talvez a tenha excluído dentro de mim, mas não fazia parte do grupo, por isso não senti a sua ausência; melhor assim, de outro modo seria dramático”.

Volta o discurso sobre a mudança, verdadeira ou presumida, do membro que tinha terminado a terapia, de quem, de qualquer maneira, o grupo sente a perda. Comenta-se que o seu problema era o de não ser capaz de exteriorizar a agressividade, o que o levava a ficar mal, a ter tantos distúrbios pelos quais sempre terminava no pronto-socorro dos hospitais, antes da psicoterapia.

Para R., mais que a verdadeira mudança, é a consciência de certas coisas que já é uma mudança, porque “sabe-se estar próximo de uma mudança, da adoção de novos esquemas de comportamento”.

N. tem dúvida sobre mudanças. De si mesma disse que atualmente se sente apenas um pouco anestesiada, faz o confronto entre a psicoterapia grupoanalítica e a ioga, que permite perceber mudanças mais rápidas.

Segue uma discussão sobre a psicoterapia individual, às próprias expensas, e a psicoterapia em grupo, com parceiros discordantes, quanto à maior responsabilidade no empenho econômico.

C. pergunta: “A assistente não vem mais?”

T.: “Vejo que volta este argumento, o grupo se observa notando as ausências, me pergunto se há um sentido”.

R.: “Na última vez estava muito pálida”.

D.: “Gosto de não vê-la mais; a odeio. A última vez queria falar, mas não tive vontade de comunicar”.

T. pede ao grupo para fazer fantasias sobre a psicóloga.

C.: “Estava habituada à sua presença, embora no início a agredisse”.

D.: “Estou contente que não venha mais. De fato, antes que o terapeuta viesse se mostrava afetuosa. Desde que veio, ela não me levou mais em conta”.

R.: “Está com ciúmes?”

D.: “Sim e além do mais creio que não melhorei meu rendimento aqui, esta separação que experimentei não foi útil”.

Seguem-se comentários da parte feminina sobre o sentir mais ou menos a falta da observadora, com outras observações mais ou menos invejosas sobre o modo dela se vestir bem, na moda, trocar freqüentemente de vestidos etc.

D. acrescenta: "nem foi dito que o doutor prestou atenção em mim, creio que manterá o habitual comportamento profissional destacado."

T.: "Pode dizer aquilo que lhe vem à mente sobre ciúmes?"

D. diz que quando está com ciúme não entende mais nada. Pensa na mãe que beijava sempre o irmão: era muito ciumenta quer com ele quer com a mãe.

N. conta que sonhou que estava numa ponte com amigos e um homem de cor; depois, que estava numa casa grande onde o homem de cor toca-lhe as nádegas: no início ela se rebela, depois o leva para um quarto onde acontece uma relação sexual com ele. Enfim aparece uma pessoa adulta que lhe convida para andar com sua filha.

Segue-se uma discussão sobre ciúmes. N., entre outros, começou a ter sintomas de depressão depois que descobriu que o marido tinha uma amante.

T. convida o grupo a fazer fantasias sobre a negritude, o estrangeiro etc.

G., no passado, tinha experimentado dar uma escapada com uma negra. A mulher o tratou muito mal. Isto o induziu a evitar toda tentação posterior.

Para R., o negro é o máximo da transgressão.

T. avança a hipótese de que o negro, como tal, por um lado poderia ser a representação da instintividade selvagem, primitiva e agressiva (como na realidade assemelha-se ao caso do pai de N.); por outro lado, isso menos parece ao terapeuta. "Não cabe a mim, mas a transgressão pode ser feita". Indaga-se se a psicóloga observadora poderia ter sido sentida como mulher e mãe.

Para F., a masturbação é o máximo da transgressão. Sozinho tem fantasias masturbatórias com mulheres reais. No passado, porém, tinha medo de ser homossexual por haver fantasiado praticar *fellatio* com um amigo. "De manhã, quando acordava, tinha esta imagem mesmo se o desejo não estivesse claramente presente. Fazia pouco que havia deixado uma mulher depois de seis anos, fiquei mal".

S.: "Quando me masturbo penso numa mulher com seios grandes".

R.: "Muito materna", comenta.

S.: "A mulher com a qual tenho uma estória de cama tem seios muito grandes. Depois de fazer amor, passam-se cinco a dez minutos até que eu fale. Tenho uma espécie de recusa, por alguns dias não quero vê-la".

R.: "Talvez viva como uma relação incestuosa".

T. convida N. a fantasiar como seria um branco sob a pele de um negro.

N.: "Uma pessoa que me faz violência... pensava no meu tio, o irmão de meu pai, é um mulherengo" ...conta uma fantasia de quando era menina: "imaginava estar entre minha tia e meu tio no mar. Acompanhava minha tia a um lugar, depois ficávamos sós e estávamos em uma casa onde ele se comportava como um tio afetuoso; depois dizia para eu tirar a roupa enquanto ele tirava a dele. Eu me envergonhava, mas depois fechava a porta e permanecíamos ali sem roupa... não tem doçura em tudo isso, mesmo se às vezes a idéia de ser violentada me fascine".

R.: "Que estranho, na minha fantasia há sempre um homem que me obriga a fazer o que não quero. Fantasiava um marido que obrigava a mulher a fazer amor, coisa que sempre me excitava... o homem prepotente me parece mais viril..."

N.: "Também para mim, mas não me agrada".

T. sublinha a ambivalência entre a fantasia erótica da submissão e a raiva pelo mesmo motivo (como com o professor de artes marciais de quem N. tinha falado nas sessões precedentes), a inveja e a identificação, às vezes, com um homem desse tipo. Se pergunta se isto pode estar coligado com a conclusão do sonho de ter uma relação com uma mulher mais jovem.

A sessão termina, mas para N. e R. ainda agradam os seios grandes...

A perda de um membro e da observadora provoca no grupo a angústia de separação e de afastamento, que é elaborada em vários níveis da matriz grupal:

Nível de realidade: a perda de um membro e da observadora.

Nível transferencial edípico: com atração, repulsão, ciúme, ambivalência.

Nível projetivo pré-genital: masturbação, homossexualidade, *fellatio*, sadomasoquismo.

Nível primordial: separação da mãe de seios grandes fornecedora de calor e alimento, a Grande Mãe arcaica.

Uma Sessão do Grupo Intermediário

O grupo analítico intermediário, como já mencionado, coloca o contexto sociocultural no centro do tratamento.

Na cultura da Itália centro-meridional o tema dominante é, num nível inconsciente muito profundo, a dependência da mãe arcaica, onipotente e superprotetora (Pisani R. A., 1993a, b).

A dependência da mãe exprime dois aspectos: o *medo da separação* e da perda, e o medo da *fusão devoradora.* A angústia de separação é percebida como pânico e fragmentação, a angústia fusional como assimilação e anulação. A angústia fusional refere-se ao aspecto negativo e agressivo do arquétipo da Grande Mãe, a qual é expressa nos mitos e nas lendas locais, na figura da bruxa que devora as criancinhas.

A *relação primária mãe-bebê*, que caracteriza o contexto cultural, é ainda o tema comum do grupo intermediário de pacientes selecionados entre pessoas provenientes da Itália centro-meridional. As angústias de separação e de fusão são opostas às necessidades de emancipação e individuação.

O *choque entre os sexos* e o *problema da identidade masculina e feminina* emergem como tema cultural e o grupo inteiro é envolvido na sua resolução. O problema da identidade sexual é estreitamente conectado com o da identidade pessoal (Pisani R. A., 1995a, b, 1997).

A sessão relatada é uma entre as mais significativas do grupo analítico intermediário iniciado por Pisani R. A., em 1991, com freqüência semanal, no ambulatório da antiga Clínica de Doenças Nervosas e Mentais da Universidade de Roma.

O grupo, com diferentes membros, ainda está em curso (1999).

O tema central da sessão é a necessidade fusional que tem como figura de primeiro plano Gs. (homossexual) e R. (borderline) sobre o pano de fundo do grupo. A necessidade é de tal modo vigorosa que faz Gs. e R. perderem a identidade biológica masculina para adquirir a psicologia feminina.

Nesta sessão estão presentes 16 pacientes: seis mulheres (S., A., Cr., Mt., Ga., L.) e dez homens (Gs., R., G., Fe., Ad., Gp., N., E., Mr., Fr.).

A sessão inicia com Mr. que propõe novamente o conflito entre a dependência e a rebelião contra os "cabeças" e a autoridade em geral. Mais uma vez apresenta-se o tema "sair do túnel" como metáfora do processo de individuação.

Gs.: "Gostaria de fazer o discurso das toupeiras..."

S.: "Parece-me ter compreendido que o discurso das toupeiras é um pouco similar àquele do túnel".

Gs.: "...Voltaram-me à mente recordações de quando era menino... estava no campo com minha mãe. Procurávamos uma toupeira para matá-la... eu a matei com a enxada. Isso me fez associar que quando estava para golpear a toupeira com a enxada, vi (em fantasia) meu pai sentado diante de mim e o golpeei com a enxada sobre os genitais... Sempre com minha mãe, fomos uma vez ao matadouro. Tinha entre 7 e 8 anos. Fiquei chocado ao ver um bezerro morto do qual cortaram os genitais... nos pesadelos que tive depois liguei esta coisa a meu pai... quase como se me aliasse com minha mãe para castrar meu pai... Sonhei uma outra vez com fazer amor com minha mãe... quis transformá-la numa prostituta de estrada que praticamente me sodomizava com a mão... não aceitei nem em sonho estar com minha mãe, é uma coisa que me dá repugnância só de pensar".

Segue-se uma discussão entre Gs., Mr., Cr., Fr. e A. sobre o papel da repressão dos pais e sobre o espírito de iniciativa dos irmãos de Gs. com respeito a ele.

Gs. está continuamente arrasado; sua avó (paterna) sempre o depreciou nos confrontos com os irmãos, primos etc.

A.: "Como vê a figura masculina?"

Gs.: "Vejo o homem muito seguro, deve exprimir uma virilidade que não sinto em mim mesmo" (uma virilidade interior).

Cr.: "Como era seu pai?"

A.: "É um tipo efeminado?"

Gs.: "É um perdedor, talvez me assemelhe até demais com ele... minha avó sempre o desvalorizou..."

A.: "Fazendo-o sentir-se como uma mulherzinha".

Gs.: "Minha avó tem medo de tudo..."

A.: "Uma mulher, como a vê?"

Gs.: "Não me agrada o fato de procurar proteção, que é uma coisa que sinto em mim mesmo".

A. objeta que muitas vezes o homem é mais débil que as mulheres.

Gs. rebate que o homem deve ser forte interiormente. "No ano passado vi Aldo (seu amante) muito débil e já me desmontou".

Propõe-se novamente o tema da dependência e A. convida Gs. a viver só com todas as suas debilidades.

Gs.: "A minha busca por afeto é absurda... este é um comportamento puramente infantil".

A.: "Eu também sou assim..."

R.: (dirigindo-se a Gs. que lhe serve de espelho) "Quero lhe dizer que muitas coisas que viveu também vivi. Sobretudo esta relação com minha mãe que tendia a excluir meu pai como figura negativa, e estas propostas sexuais. Nas tardes íamos para a cama. Quando minha mãe se dava conta que era atração da minha parte, mudava de assunto. Recordei-me de minha avó paterna com quem vivi um período. Minha mãe sempre me dizia 'quando papai vier transferido, eu deixo papai e vamos viver eu e você sozinhos'. Depois meu pai foi transferido e minha mãe não fez nada disso. Fui viver sob protesto com minha avó".

A.: "Como sua mãe lhe tratava quando pequeno?"

R.: "Me acarinhava, me tolhia qualquer possibilidade de ter um amigo. Eu e ela, e era tudo!... Então começou a me vestir de mulher com as roupas dela, com 13 anos".

T.: "Era tanta a necessidade de estar com ela que sem dúvida se identificou com ela, vestia seus vestidos".

R.: "Sim, dali iniciaram minhas obsessões, quando ao me olhar no espelho pensava em ser penetrado por um homem que depois não sabia bem quem era".

Gs.: "Quando tive a primeira fantasia, tomava como pessoa minha mãe e penetrava minha mãe; no sonho era eu mesmo que me penetrava, mas eu era minha mãe".

T.: "Desta maneira se vê a indiferenciação naquilo que é você e ela ao mesmo tempo".

R.: "É esta visão da mulher com pênis".

Gs.: "Quando me vem a fantasia de ser sodomizado por uma mulher é sempre com a mão ou algum objeto".

A.: "É como se eu percebesse que o pênis é igual a ser forte, os órgãos femininos são a fraqueza".

G. sente as intervenções do grupo como medo de sair do túnel. Por isso se mantém preso. Este é sempre o seu problema. Também sua mãe o impediu de ter qualquer relação com o mundo externo e com os outros.

Fr. também viveu uma relação exclusiva com a mãe, uma mulher forte, que sempre dominou a cena familiar, enquanto o pai era uma figura de segundo plano. Reconhece a dependência da mãe "galinha choca", mas não caminha para se liberar.

R.: "Talvez a fusão do pai autoritário e da mãe galinha choca represente a mãe com pênis".

Fe. também teve uma mãe muito forte. Quando repousava à tarde, se encolhia junto a ela. Assim que compreendeu isto, reprovou com chute. "Mas o que me fez distanciar definitivamente dela, foi o fato de que me culpava pelo seu mal-estar. Foi um verdadeiro trauma quando me bateu por uma promessa ligada à escola; me bateu a ponto de sair sangue..."

T. sublinha que esta sessão é o desenvolvimento das precedentes, centrada sobre o conflito fusão-separação. "Se me separo, fico só no mundo. R. falava da desintegração de si mesmo... Se não me separo, fico fundido..."

Cr. reflete sobre seus modelos paternos. O pai muito ausente, enquanto a avó é, sem dúvida, a mais forte da família. Encarna tanto a figura do homem como a da mulher. "É aquela que sempre comandou!"

A mãe de S. viveu como figura muito forte. Fez o papel de pai e de mãe. S. a vê muito invasiva e autoritária, e a sente mais como pai do que como mãe. O pai a fez sofrer. "Com ele encerrei!"

Ao fim da sessão todo o grupo reflete sobre o tema da dependência e da dificuldade de "abandonar o túnel".

G., Gs., R., Mr., Fr., Cr., S. e Fe., em particular, confirmam que a profunda ligação com a mãe arcaica, a mulher com pênis, e a ausência, o conflito e a desvalorização-castração do pai, estão na base de uma incompleta identificação masculina e feminina.

Parte II

Contribuições Pessoais do Autor à Pesquisa e à Aplicação Clínica da Grupoanálise nos Grupos Pequeno e Intermediário

Da Neurologia à Grupoanálise. Reflexões sobre o Processo de Integração Psicobiológica*

Intitulei esta narrativa como "Reflexões sobre o processo de integração psicobiológica", para referir-me à minha experiência psiquiátrica, iniciada em 1963 e que continua até hoje, em serviços psiquiátricos públicos e privados.

No início da minha atividade, a terapia por excelência das psicoses era o eletrochoque. Escreveu F. Accornero (1970) a propósito da primeira aplicação do eletrochoque: "...Depois de uma série de nove acessos o paciente começou a agitar-se da sua indiferença, começou a interessar-se pelo ambiente, abandonou seu linguajar esquizofásico e melhorou rapidamente". O "milagre", por assim dizer, aconteceu. "Milagre" ao qual assistimos todos os que tivemos experiência no tratamento das psicoses agudas com eletrochoque.

Se por um lado não há dúvida que o tratamento biológico (com eletrochoque ou, hoje, com fármacos) dos distúrbios psíquicos tem seu efeito, pelo menos sintomático, por outro é, do mesmo modo,

---

* Extraído do trabalho apresentado ao XXXVII Congresso Nazionale della Società Italiana di Psichiatria, em Roma, fevereiro de 1989 e publicado em *Progressi in Psichiatria*, CIC Edizioni Internazionali, Roma, 1989.

indiscutível o sucesso, freqüentemente substancial e duradouro, do tratamento psicanalítico das neuroses, e hoje, das psicoses. Descobertas fundamentais como o inconsciente, os mecanismos de defesa, a transferência, a elaboração da transferência e da resistência, creio que são indiscutíveis. Problemas relativos à sexualidade infantil, à agressividade, aos conflitos edípicos e pré-edípicos, são problemas com os quais nos debatemos diariamente no tratamento analítico e de cuja elaboração terapêutica depende em grande parte o êxito e a duração dos resultados conseguidos.

Surge agora a interrogação sobre como é possível conciliar a biologia com a psicologia.

Freud, em 1938, escreveu no *Compêndio de Psicanálise* (p. 58): "Nós nos ocupamos aqui de terapia só na medida em que esta opera com meios psicológicos, no momento não temos outros. Pode acontecer que no futuro alguém nos ensine como influenciar diretamente, com substâncias químicas especiais, as quantidades energéticas e sua repartição no aparelho psíquico. E talvez vejamos à luz outras potencialidades da terapia que agora não podemos nem mesmo suspeitar". Interessado no problema da "incorporação" dos processos mentais na matriz biológica, escreveu a Fliess: "não desejo absolutamente que a psicologia perambule pela área sem base orgânica" (por Deutsch F., 1975, p. 14).

Classicamente, no âmbito psicanalítico, na base dos distúrbios psíquicos é reconhecido um conflito intrapsíquico entre as forças instintivas do id e do ego, que se opõem, por meio de vários mecanismos, à sua satisfação. Apesar das revisões e modificações da teoria freudiana original das pulsões, o modelo estrutural da mente permaneceu substancialmente invariado. As recentes descobertas neurofisiológicas e neuroquímicas valorizam, talvez, uma definição mais precisa do id freudiano. Assim, aclara-se cada vez mais a noção de que as alterações bioquímicas que subjazem e são o correlato biológico dos distúrbios psíquicos, estão de acordo com as substâncias que agem no nível de alguns centros nervosos (núcleos da base, hipotálamo, amígdala etc.), responsáveis pela regulação de funções e ritmos vegetativos: agressividade-passividade, sono-vigília, fome-saciedade, sede, sexualidade etc. Centros anatomofuncionais, isto é, de abrangência instintual. Apóio-me neste momento sobre a agressividade, que recentemente, em âmbito analítico, talvez tenha assumido maior importância na libido, e recordo com Valzelli como:

1. a amidalectomia bilateral reduz a agressividade irritativa e suprime a agressividade predatória;
2. nos experimentos de Delgado, o comportamento agressivo dos símios é bloqueado pela estimulação da cabeça do núcleo caudado, assim como é bloqueada a dignidade do touro na arena;
3. a estimulação intermitente e programada da cabeça do núcleo caudado de um animal dominante abole definitivamente a dominância;
4. focos irritativos dos lobos temporais estimulam comportamentos violentos nos homens;
5. o isolamento prolongado de um animal do seu contexto socioambiental provoca intensa agressividade (Valzelli L., 1987).

O pensamento psicanalítico tem uma longa evolução que tentarei retomar nos pontos mais importantes. No último período, Freud formulou o conceito de estrutura tripartite da mente em id, ego e superego (modelo estrutural). O id representa os aspectos biológicos instintivos, distintos em: instinto de vida ou Eros e instinto de morte ou Tânatos. O ego nasce do id modificado pelo mundo externo. A tarefa principal do ego é a de se fazer de mediador entre os impulsos instintivos que vêm do id, as exigências da realidade externa e do superego. As neuroses seriam relativas, como dizia no início, a um conflito intrapsíquico entre o id e o ego. A maturidade seria a expressão de um equilíbrio entre as três instâncias com predomínio do ego. A terapia consiste na estruturação do ego. Um ego mais forte está em condições de controlar melhor os impulsos instintivos do id, as exigências do superego e as da realidade externa (Freud S., 1938).

A evolução sucessiva da Psicanálise depois da morte de Freud tem como ponto de referência a estruturação tripartite da mente e os conceitos essenciais relativos à terapia. As maiores contribuições vieram do aprofundamento das fases de desenvolvimento, em particular a fase oral (M. Klein, M. Mahler, D. W. Winnicott etc.) e da psicologia do ego (H. Hartmann). M. Klein, em particular, parte da dualidade dos instintos aprofundando os aspectos na fase oral. O ego imaturo deve enfrentar a polaridade dos instintos de vida e de morte. A inveja é considerada como o mais precoce sinal do instinto de morte. Objetiva a destruição do objeto e é coligada à voracidade que deseja esvaziar o seio. A patologia psicótica teria a ver com uma detenção de crescimento nesta fase (Segal H., 1975).

Spitz demonstrou como a recusa e a hostilidade com as respectivas carências afetivas provocam a "depressão anaclítica", até mesmo o marasmo freqüente nos asilos (Spitz R. A., 1965).

Winnicott apontou como a separação mãe-bebê deve desenvolver-se gradualmente mediante a substituição simbólica (objeto transicional), separação que Mahler descreve sob a forma de processo de separação-individuação (Winnicott D. W., 1965; Mahler M., 1975).

Com Hartmann é introduzido o conceito de "autonomia do ego", representada pelas funções do ego independente do id: funções cognitivas, memória, percepção, pensamento e aprendizado (funções do neocórtex) (Hartmann H., 1964).

A psicanálise contemporânea valoriza o resultado da experiência do sujeito em relação ao objeto (teoria das relações objetais) e do sujeito com o mundo externo (teoria do *Self*). Os aspectos relacionais começam de fato com Klein que prevê um ego ativo já no nascimento com trocas introjetivas e projetivas. Posteriormente, a teoria das relações objetais foi desenvolvida por vários psicanalistas: Fairbairn, Balint, Winnicott, Bion etc. (Di Chiara G., 1985).

Para Fairbairn, a libido está à procura do objeto; para Freud está à procura da descarga. As zonas erógenas seriam canais de comunicação através dos quais flui a libido (Fairbairn W. R. D., 1952). O *Self* teria o papel de organizador dos elementos tripartites da mente, seria uma entidade experiencial no sentido de uma identidade pessoal, de unicidade, de totalidade individual que funciona com um objetivo (Horwitz L., 1986).

Para Winnicott, o *Self* é formado no início da experiência corporal e isto se dá nos primeiros anos de vida. Os potenciais inatos e as cargas hereditárias seriam uma parte dos fatores que concorrem para formar o *Self*; a outra parte é representada pelo pensamento atento, constante e afetuoso materno (*holding*) e pela influência do ambiente representado principalmente pelas pessoas mais significativas (Gaddini-De Benedetti R., 1976).

A Grupoanálise de Foulkes compartilha com a Psicanálise os conceitos de inconsciente, estrutura tripartite da mente em id, ego e superego, conceitos de defesa e resistência, transferência, elaboração etc. A Psicanálise tem, porém, uma concepção individualista: as neuroses são a expressão de um conflito intrapsíquico e uma repetição da "neurose infantil" não resolvida. Para a Grupoanálise, o distúrbio psíquico é compreendido apenas se inserido no contexto do grupo a que pertence. A "neurose infantil" individual se coloca na "neurose infantil do grupo"; o paciente individual é expressão da neurose do grupo, é uma espécie de porta-voz da patologia do grupo.

Podemos dizer que enquanto a Psicanálise se baseia na reestruturação do ego e do *Self* por meio da transferência (hoje mais propriamente a relação diádica [binária]), a Grupoanálise baseia esta reestruturação na matriz relacional da qual o indivíduo faz parte. O *Self* se remodela no contexto grupal.

Por isso, o trabalho analítico individual ou de grupo, baseia-se na criação de um novo equilíbrio entre id, ego e superego que resulta na reestruturação do *Self*. Para superar a aparente contraposição entre aspectos biológicos e psicológicos, o modelo estrutural tripartite da mente, repito, pode ser útil. Numa visão integrada "psicossomática" poderemos ver os distúrbios psíquicos como a expressão de uma interação, em vários níveis, entre a biologia, o intrapsíquico e o relacional. O tratamento analítico consiste essencialmente no passar do sintoma ao problema, e na resolução de um e de outro. A terapia biológica se revela um instrumento muito eficaz para conter a sintomatologia, permitindo um reforço dos mecanismos de defesa do ego. Ambos podem ser considerados em função da harmonização da estrutura da mente, não implicando o tratamento biológico em um processo de maturação. Os neurolépticos, sob esta óptica, agiriam reduzindo de modo verossímil as pressões instintivas do id e, de modo especial, as cargas agressivas, permitindo uma reintegração mais fácil do controle do ego. Os antidepressivos diminuiriam as cargas agressivas contra o *Self*, exteriorizando-as (Gabrielli F.; Muzio M.; Rossi R., 1974).

Numa sessão grupoanalítica, sob minha condução, o senhor G., um paciente acometido de depressão com fobia a impulsos suicidas, referia ter ficado particularmente impressionado com a cena de dois lagartos que se atacavam ferozmente, e no fim um devorava o outro. Vê sua agressividade projetada numa bola de borracha que está na sua frente, como uma espécie de "menino forte sempre em pé". Todo o grupo se empenha sobre o tema da agressividade e da destrutividade. Para a senhora C. (logo depois do suicídio do irmão) permaneceu particularmente gravado um romance no qual se conta de um matemático com extrema agressividade destrutiva, e de uma mulher do mesmo modo agressiva, que converte a sua em auto-agressividade.

Num outro grupo a senhora A. que sofre de hemicrania, distúrbio psicossomático que pode ser referido à remoção de impulsos agressivos, traz um sonho no qual vê um iguana no campo, pega um fuzil e dispara, mas o projétil ricocheteia contra ele que cai em terra. Estes exemplos parecem concordar com o conceito de retorno da agressividade arcaica removida.

Num recente trabalho sobre 453 pacientes neuróticos, afetados principalmente por sintomatologia ansioso-depressiva, apontei como a terapia farmacológica tem sua maior indicação e fornece os resultados mais brilhantes quando a sintomatologia é estritamente reativa, agindo de maneira verossímil para conter os impulsos instintivos do id e para ajudar o ego a retomar o controle da situação (Pisani R. A., 1987a).

Minha última experiência pessoal se refere ao tratamento combinado com fármacos e psicoterapia grupoanalítica de um grupo de psicóticos. O grupo era caracterizado por uma matriz comum, baseada sobre o conflito entre dependência e autonomia relativa a uma figura materna arcaica onipotente e agressiva, com relativa angústia de separação. O tratamento farmacológico permitiu, principalmente nas fases iniciais, conter a gravidade dos sintomas e favorecer a comunicação. Revelou-se útil na manutenção por toda a duração, e foi útil para os casos de agudização. A dose dos fármacos foi gradualmente reduzida até uma dose mínima de manutenção (5 a 10 gotas de haloperidol), e em todos os casos os fármacos foram provisoriamente suspensos à medida que progredia o processo de maturação grupal e individual (Pisani R. A., 1987c).

Para estes psicóticos, o grupo analítico mostrou suas notáveis potencialidades terapêuticas em dois níveis interdependentes:

1. suporte e contenção;
2. *ego training in action;* o suporte e a contenção são de fundamental importância no adestramento do ego ao exame da realidade e à estruturação de defesas mais maduras.

Neste ponto parece-me importante reforçar que o homem é uma unidade inseparável e que, assim como não existe um dualismo alma-corpo, também não existe um dualismo indivíduo-grupo.

Para Foulkes "somente graças a uma particular abstração podemos isolar entre si os fatores biológicos, sociais, culturais e econômicos. A vida mental é expressão de todas estas forças, tanto a nível horizontal, e assim é na realidade rigorosamente atual, como verticalmente em relação à hereditariedade" (Foulkes S. H., 1975c, p. 37).

Mecanismos de Defesa em Grupoanálise*

O paciente, na concepção grupoanalítica, é expressão de um equilíbrio perturbado num campo total de interação que envolve diversas pessoas; é o porta-voz dos problemas da rede de dependência, da qual representa o ponto mais débil. Os sintomas neuróticos e psicóticos não são apenas a formação de compromisso do conflito intrapsíquico, um equilíbrio interno distorcido, mas antes de tudo uma comunicação camuflada e imprópria. São o produto do *conflito indivíduo-grupo* do qual o conflito intrapsíquico é o reverso da medalha. Este conflito implica que o indivíduo não pode exprimir-se na relação grupal por medo de ser atacado, punido, marginalizado e destruído. Para defender-se recorre ao mascaramento e à distorção. É, portanto, a expressão de uma matriz de comunicação perturbada que põe o indivíduo numa condição de *isolamento autístico*, de *alienação*, condições que ele tende obrigatoriamente a repetir.

O elemento fundamental é, pois, a comunicação distorcida e falsa que gera uma matriz neurótica ou psicótica responsável pelo isolamento e pela alienação.

---

* Extraído do artigo publicado no *Bulletin of Australian Association of Group Psychotherapists*. Special nº 1 (January, 10-18-1991).

Esta rede de comunicação e relação é criada e mantida por mecanismos de defesa imaturos e patológicos, mecanismos de defesa de uma real e franca comunicação.

O conflito intrapsíquico é o equivalente ao conflito relacional grupal e os mecanismos de defesa têm não só um significado intrapsíquico, mas, sobretudo, relacional. Separar os dois aspectos, o intrapsíquico e o relacional, tem apenas o significado de recorrer à abstração teórica para colocar mais foco num ou noutro aspecto de um fenômeno que, como afirma Foulkes, é visto na sua unidade.

Quando se fala de defesa está implícito perguntar-se de que.

Em *Neuropsicoses de Defesa* (1894), S. Freud concebia as neuroses como devidas a causas sexuais e deduzia que toda neurose implicava uma defesa de representações sexuais incompatíveis. Posteriormente, no período da psicologia do id, formula o conceito de repressão. O inconsciente é o resultado de uma repressão devida à angústia e se manifesta simbolicamente por meio dos sonhos, dos atos falhos, dos sintomas neuróticos etc. No inconsciente está contida a sexualidade infantil. Os impulsos libidinosos podem ser apagados ou mesmo removidos, contidos com formações reativas ou sublimados. Surge propriamente o conceito de defesa e, já nesta fase, está implícita em Freud a presença do grupo em perspectiva. Os impulsos libidinosos não podem ser expressos porque é preciso ter conta a realidade externa e as exigências dos outros membros do grupo.

No período da psicologia do ego, com a estruturação tripartite da mente em id, ego e superego, Freud coloca no id as duas pulsões fundamentais: os instintos de vida e de morte. Formula a segunda teoria da angústia que, na fase inicial, era interpretada como uma obstrução da libido não descarregada pela via da repressão. A angústia é colocada no ego e não no id. O primeiro perigo é representado pela separação da mãe, as formas sucessivas de angústia repetem o medo da separação e da perda do amor dos pais. A angústia leva à repressão (Freud S., 1925). O ego consiste numa série de mecanismos de defesa (o conceito precedente de repressão é substituído pelo de defesa): repressão, regressão, formação reativa, sublimação, anulação etc.

Na histeria prevalece a repressão, na neurose obsessiva a regressão e a formação reativa. A tarefa principal do ego é se fazer de mediador entre os impulsos instintivos que vêm do id, as exigências da realidade externa e do superego, por meio dos mecanismos de defesa.

No *Compêndio de Psicanálise* Freud diz mais precisamente que: "A tarefa do ego é a autoconservação, tarefa que está disponível para aquele que olha o exterior aprendendo a conhecer os estímulos, acumulando na memória experiências sobre eles, evitando com a fuga os estímulos de intensidade excessiva, e indo adequadamente ao encontro daqueles de intensidade moderada, aprendendo enfim a modificar o mundo exterior atuando de modo ajustado e em benefício próprio; para aquele que olha o interior, nos confrontos do id, a tarefa está livre para adquirir o controle das solicitações pulsionais, decidindo se a essas pode ser dada satisfação, reencaminhando tal satisfação em tempo e circunstância melhores do mundo exterior, ou oxalá reprimindo toda excitação desta pulsão" (Freud S., 1938, p. 15).

A propósito do superego Freud diz: "no influxo parental não incide naturalmente apenas a natureza pessoal dos pais, mas também a tradição familiar, racial e popular trazida por eles, além das exigências de um determinado ambiente social que eles representam. Do mesmo modo, à medida que o indivíduo cresce, o superego acolhe contribuições provenientes das pessoas que continuam ou sub-rogam o influxo dos pais, como os educadores ou determinados personagens emblemáticos da vida pública, ou ideais socialmente admirados" (Freud S., 1938, pp. 16-17).

Como se vê, em Freud era implícito o conceito de uma constante interação entre o intrapsíquico, o interpessoal e o transpessoal.

Alguns mecanismos apenas indicados por Freud foram depois desenvolvidos (ver Anna Freud, 1961).

Para M. Klein (1948), a angústia tem origem no medo da morte que entra em ação na forma das pulsões de morte que ameaçam o organismo desde o nascimento. M. Klein encontra no recém-nascido os mecanismos de projeção e introjeção; o ego introjeta coisas boas e más a partir do seio materno. Quando alguma parte do *Self* e dos objetos internos são destacados e projetados sobre um objeto externo, que assim é possuído e controlado, tem-se a identificação projetiva. O objeto mau é controlado, as partes más projetadas para liberar-se delas, e as partes boas para preservar-se daquelas más interiores.

Os sucessores de Freud puseram em relevo os mecanismos de defesa prevalentes nas psicoses e nos borderlines graves como a negação, a cisão, a projeção e a identificação projetiva.

Considerando a relação entre mecanismos de defesa e psicopatologia é aceito, grosso modo, que: a repressão, a formação reativa e a regressão são características das neuroses; a negação, a cisão e a projeção são características das psicoses (Fine R., 1979).

Como já afirmado, na concepção grupoanalítica o distúrbio psíquico é expressão de uma relação multipessoal perturbada. Portanto, as defesas não existem, em tese, meramente como defesas dos impulsos instintivos enquanto tais, mas como mecanismos interativos que o indivíduo desenvolveu nas suas primeiras relações sociais num contexto de grupo, e quando são imaturos ou patológicos bloqueiam a espontaneidade, a criatividade, a capacidade de adaptação ao ambiente e a capacidade de comunicar-se com os outros indivíduos numa relação de mutualidade e reciprocidade.

No grupo as defesas são uma função da manutenção da homeostase, da manutenção dos níveis de tensão e ansiedade num nível mínimo, e obstáculos a toda mudança. É inevitável que uma mudança em qualquer elemento da rede grupal determine uma mudança maior ou menor em qualquer um dos outros elementos, e resulte em uma resistência à própria mudança (dinâmica de grupo).

Foulkes destaca a existência de uma estreita interação entre os mecanismos defensivos individuais e de grupo.

No caso do deslocamento, tendências reprimidas em alguns membros do grupo se manifestam em posturas assumidas por outros. O isolamento se verifica quando a um membro do grupo se atribuem impulsos refutados de modo fóbico por outros. A cisão se manifesta com a formação de subgrupos etc.

No grupo, ao nível projetivo da comunicação, são expressos os mecanismos mentais mais precoces como a negação, a cisão, a projeção e a identificação projetiva. Os processos de identificação projetiva e introjetiva são recíprocos e multipessoais. São processos interpessoais que operam na Matriz de grupo compartilhada e são fenômenos relacionais multipessoais de reflexo recíproco.

É no contexto da matriz grupal que são vistos alguns fenômenos de identificação projetiva, como a tendência de qualquer membro para assumir determinados papéis (líder, monopolizador, vice-terapeuta, bode expiatório, porta-voz etc.), a partir de manobras de outros membros.

Por um lado, cria-se uma aliança entre os conflitos e as características de personalidade de um dado membro, e por outro as necessidades do grupo, razão pela qual o grupo o coloca num determinado papel (Horwitz L., 1983).

O grupo descobre rapidamente quem exprime, com mais facilidade, agressividade, conteúdos eróticos ou dependência, e manobra para que o membro aja em tal sentido. O bode expiatório é o típico exemplo de membro eleito e manobrado pelo grupo, a fazer-se porta-voz dos impulsos de todos os outros que tentam expressão, mas ainda são temidos e, portanto, reprimidos. O grupo se defende, atacando nele estes impulsos, até colocá-lo para fora. Espelha-se nele e se castiga por seus impulsos rejeitados e projetados, mas ao mesmo tempo funciona como seu porta-voz.

O grupo analítico derruba as defesas patológicas (alienação) e se reestrutura mais maduro (vai ao encontro). A nova matriz grupal permite suportar e exprimir os conteúdos temidos e negados. Com a superação das barreiras autísticas e isolantes por meio do diálogo com o exterior, a comunicação permite uma reelaboração do diálogo interno. Os *modelos defensivos autísticos e neuróticos* vêm substituir os da comunidade. Os problemas das outras pessoas são sentidos tão importantes quanto os próprios, e se sobrepõem a eles. O compartilhamento dos problemas leva ao conhecimento recíproco.

Estes conceitos foram desenvolvidos posteriormente por P. de Maré, no grupo intermediário, e retomados com a conclusão de Koinonia.

Fenômenos Particulares e Fatores Terapêuticos em Grupoanálise: a Ressonância e o Espelhamento*

O processo de comunicação multipessoal em grupoanálise é ativado e mantido por meio de fenômenos de ressonância e de espelho que adquirem valor de primeiro plano no âmbito dos fatores terapêuticos.

A Ressonância se refere aos diferentes significados que podem ter, para cada membro *per se*, cada evento no grupo em relação ao nível em que age o conflito pessoal: oral, anal, fálico, edípico etc.

A Reação Especular é o processo fundamental. Através da interação ocorre, ou o reconhecimento de que a negação dos aspectos do *Self* reflete nos outros, ou que os aspectos dos outros refletem no *Self*. O indivíduo chega a conhecer a si mesmo por intermédio da reação que provoca nos outros e a imagem que lhe vem restituída. A observação dos outros permite a cada um individualizar mais facilmente os próprios conflitos e os problemas que nascem dentro dos sintomas.

Relato um breve exemplo clínico de Ressonância e um de Espelho.

---

* Extraído do artigo publicado em *Attualità in Psicologia*, 3 (4), 98-101, 1988.

Exemplo de Ressonância

Numa sessão a senhora M. relata o sonho de uma reunião de grupo num restaurante. Eram colegas e dois homens "grandes e volumosos". Todos comem e bebem "sem interrupção e em abundância". Ela come, em continuação, de maneira voraz e insaciável; terminado aquilo que é seu, come do prato dos outros.

À oralidade voraz da senhora M., a senhora A. associa um sonho seu. Num pátio entram dois porcos negros e as fêmeas; entra o proprietário, com bastões alongados com a forma de mamas que se abrem na metade, e lhe diz que, para dar de comer aos porquinhos, a fêmea deve inserir os bastões nas mamas.

A fêmea não termina de dar de comer aos porquinhos, mas ela abre alguns (bastões) e com o conteúdo, que não é leite mas feno macerado mal cheiroso, procura colocar goela abaixo, de maneira agressiva, e o porquinho se recusa a engolir. Parece-lhe ser ela mesma a comer esta coisa. A ressonância da senhora A. vem em vários níveis: oral (a mama), que inclui o fálico (os bastões), e anal (as fezes sob forma de material mal cheiroso) essencialmente no seu aspecto agressivo.

O senhor F. R. ressoa num nível edípico com um sonho de castração: sonhou com um morcego que lhe triturava um dedo olhando-o com olhos maus.

Exemplo de Espelho

A senhora A. sonhou que o Prof. Pisani tinha chamado muitas pessoas que ela conhecia, mas com as quais não tinha mais uma relação de amizade. Aborrecia-lhe muito que tivesse chamado todas estas pessoas conhecidas, e as recusava porque a perturbavam. Verbaliza, depois, a agressividade contra os outros membros do grupo. O senhor B. lhe faz raiva porque é esquemático (fala pouco, isto é, dá pouco aos outros); o senhor F. R. porque fala sempre fora do grupo e nunca dentro (não se compromete, resiste à comunicação); a senhora V. porque tem sempre a solução nas mãos, a "sacrossanta verdade" (atitude grandiosa); o senhor P. porque é muito ligado à mãe (dependência oral).

Voltando ao conceito de matriz, como contexto relacional ativado e mantido através de reações de espelhamento e fenômenos de ressonância, Foulkes diz: "A reação de espelhamento pode ser subdividida num certo número de conceitos psicanalíticos, por exemplo, projeção, identificação etc., mas estas são boas razões para que estes conceitos estejam reagrupados numa definição coletiva que ponha em destaque o aspecto do espelho" (citado por Pines M., 1984, pp. 122-123 do texto inglês).

Num de seus últimos trabalhos, Foulkes (1975c), referindo-se a estes mecanismos de defesa primitivos e elementares, afirma que é um "erro teórico fundar a compreensão dos grupos por meio destes mecanismos individuais, em vez de proceder na direção oposta"... "se tivermos de entender tais mecanismos individuais como derivações de situações psicológicas particulares, que possamos reproduzir experimentalmente nos grupos" (p. 53).

Agora: "Nos níveis primitivos desta realidade psíquica compartilhada (matriz grupal) os processos de identificação introjetiva e projetiva operam entre os outros. Todavia, esses podem sempre ser vistos como recíprocos ou até multipessoais *in natura*" (Foulkes S. H., 1975b, p. 18 do texto inglês).

Não se tratariam, portanto, de mecanismos individuais para procurar e resolver, mas de processos inter e transpessoais que operam na Matriz de grupo compartilhada, no interior da qual acontecem as mudanças. No âmbito desta rede relacional transpessoal se inscrevem o jogo de vai-e-vem, a projeção e a introjeção, a externalização e a internalização (espelho).

Conceitos análogos se encontram em algumas religiões.

Na concepção jainista indiana, por exemplo, se deduz que "no paraíso de Indra há uma rede de pérolas dispostas de modo tal que, ao se observar uma, vê-se todas as outras refletidas nela. Igualmente, todo objeto no mundo não é simplesmente si mesmo, mas compreende todo outro objeto, e de fato, todas as outras coisas" (Servadio E., 1988).

Narra-se que a imperatriz Wu pediu a Fa Tsang, um dos fundadores da escola budista chinesa Hwa Yen, que lhe explicasse a doutrina do modo mais claro possível. "Fa Tsang suspendeu no forro de uma sala cheia de espelhos uma vela acesa para demonstrar a relação do um com a pluralidade. Depois colocou no centro da sala um pequeno cristal no qual tudo se refletia. Demonstrou assim que o infinitamente pequeno contém o infinitamente grande e vice-versa", reforçando que aquele era um modelo estático incapaz de representar o movimento contínuo e a penetração recíproca do passado, presente e futuro (Servadio E., 1988).

Conceito de Mente em Grupoanálise*

Como referido anteriormente, a Grupoanálise partilha com a Psicanálise os conceitos fundamentais de inconsciente, estrutura tripartite da mente, mecanismos de defesa, simbolismo, transferência etc., com as devidas diferenças.

O pensamento psicanalítico teve uma longa evolução e tentaremos retomá-lo nos pontos de maior destaque.

No período da "psicologia do id", o primeiro sistema psicanalítico, Freud acentuou que grande parte da nossa vida e das nossas manifestações comportamentais se baseia em aspectos inconscientes que podem ser deduzidos de sonhos, atos falhos, fábulas, lendas, sintomas neuróticos etc. A mente é dividida em inconsciente, pré-consciente e consciente. Inconsciente é tudo aquilo que não está presente em nível de consciência; pré-consciente é tudo que pode ser facilmente trazido à consciência; consciente é tudo de que se tem ciência.

* Extraído do artigo publicado em *Seminari*: (editado por Pisani R. A. e Goretti S.), Roma, Edizioni Universitarie Romane, 1998.

No período seguinte, denominado de "psicologia do ego", o segundo sistema psicanalítico, Freud formulou o conceito de estrutura tripartite da mente em id, ego e superego. O id representa os aspectos biológicos instintivos, distintos em: instinto de vida ou Eros e instinto de morte ou Tânatos. O ego nasce do id modificado pelo mundo externo. A tarefa principal do ego é a de se fazer de mediador entre os impulsos instintivos que vêm do id, as exigências da realidade externa e do superego. O superego é a expressão de uma diferenciação do ego e nasce da interiorização dos genitores. Citando novamente Freud:

> "Chamamos de id a mais antiga destas instâncias psíquicas: seu conteúdo é tudo aquilo que é herdado, presente no nascimento, estabelecido por constituição, acima de tudo, portanto, os instintos que têm origem na organização somática..." (Freud S., 1938, p. 15).

> "A tarefa do ego é a autoconservação, tarefa que é assumida por aquele que observa o exterior aprendendo a conhecer os estímulos, acumulando na memória experiências sobre eles, evitando com a fuga os estímulos de intensidade excessiva e indo ao encontro daqueles de intensidade moderada, aprendendo enfim a transformar com ações adequadas e tendo em vista um benefício próprio no mundo exterior; para aquele que observa o interior, nos confrontos do id a tarefa é assumida ao adquirir o controle das demandas pulsionais, decidindo se a essas pode ser dada satisfação, remetendo tal satisfação a tempo e circunstâncias melhores do mundo externo, ou também reprimindo no conjunto as excitações destas pulsões..." (Freud S., 1938, p. 15).

> "Durante o desenvolvimento da infância, durante a qual o ser humano em formação vive num estado de dependência de seus genitores, se estrutura no seu ego uma especial instância em que tal influxo é perpetuado, a qual denomina-se superego... no influxo parental não incide naturalmente só a natureza pessoal dos genitores, mas também a tradição familiar, racial e popular que estes trazem consigo, além das exigências de um determinado ambiente social que estes representam. Da mesma forma, o superego, à

medida que o indivíduo cresce, acolhe contribuições provenientes de pessoas que continuam ou sub-rogam o influxo dos pais, como os educadores ou determinados personagens emblemáticos da vida pública ou ideais socialmente admirados" (Freud S., 1938, p. 16).

Assim, em Freud, já existe referência a uma concepção multipessoal da mente e a uma constante interação entre o intrapsíquico, o interpessoal e o transpessoal.

A maturidade seria a expressão de um equilíbrio entre as três instâncias, com prevalência do ego. Um ego mais forte está em condição de controlar e integrar melhor os impulsos instintivos do id, as exigências do superego e as da realidade externa.

As recentes descobertas neurofisiológicas e neuroquímicas valorizam, talvez, uma definição mais precisa do id freudiano. Assim, aclara-se cada vez mais a noção de que as alterações bioquímicas que subjazem e são o correlato biológico dos distúrbios psíquicos, estão de acordo com as substâncias que agem no nível de alguns centros nervosos (núcleos da base, hipotálamo, amígdala etc.), responsáveis pela regulação de funções e ritmos vegetativos: agressividade-passividade, sono-vigília, fome-saciedade, sede, sexualidade etc. Centros anatomofuncionais, isto é, de abrangência instintual.

Segundo MacLean (1978), em termos evolucionistas, o cérebro humano é constituído por três estruturas básicas que se sobrepõem no curso da evolução: o cérebro dos répteis, dos paleomamíferos e dos neomamíferos, que se integram numa unidade funcional.

As *estruturas reptilianas* são constituídas pelos núcleos da base cerebral e são responsáveis pela função de seleção e defesa do território no qual se desenvolvem: caça, competição pela posição hierárquica, acasalamento etc. Este cérebro arcaico constitui a base dos comportamentos agressivos e destrutivos caracterizados pela voracidade destrutiva e canibalismo. É determinado para o prazer e dor absolutos que guiam o comportamento primordial. Podemos dizer que *o cérebro reptiliano está, sobretudo, a serviço do instinto de morte.*

O *cérebro dos paleomamíferos, ou límbico*, regula o conjunto dos comportamentos relativos à sobrevivência do indivíduo e da espécie: funções orais e de autoconservação (alimentação, luta e autodefesa), atividade sexual e comportamento afetivo. Podemos dizer que *o cérebro límbico está mais a serviço do instinto de vida.*

O *neocórtex* preside a linguagem simbólica, as funções associativas de ler, escrever e calcular, o pensamento abstrato, a valoração crítica e a autodeterminação. Exerce a função de supervisão e controle dos dois cérebros precedentes. Pode-se lançar a hipótese de que *no neocórtex se organizam os mecanismos de defesa mais maduros.*

Apesar das revisões e modificações da teoria freudiana original das pulsões, o modelo estrutural da mente permaneceu substancialmente invariado.

A Grupoanálise de Foulkes compartilha, como já referido, os conceitos fundamentais da Psicanálise: inconsciente, estrutura tripartite da mente etc., mas na medida em que o intrapsíquico se coloque na rede global de interação do grupo ao qual pertence, isto é, a matriz de base. Para Foulkes o que é individual e intrapsíquico, é também multipessoal. O indivíduo não pode existir sem o grupo e vice-versa. "O grupo é uma espécie de modelo da estrutura psíquica cujos processos dinâmicos estão personificados e representados dramaticamente" (Foulkes S. H., 1964, p. 123).

O grupo assume o papel de id, ego e superego coletivos. O ponto de vista grupoanalítico vê enquadrados os processos mentais individuais num campo mental unificado, no qual os indivíduos que o compõem são uma parte. A "mente" não representa algo de isolado na cabeça de qualquer um, mas é a expressão individual dos processos transpessoais que ocorrem por intermédio do indivíduo. Esta rede transpessoal, ou Matriz, é um sistema psíquico no contexto do qual o indivíduo se origina e se exprime, de modo que aquilo que é interno é também externo e vice-versa. Os indivíduos participam destes processos transpessoais, dos quais estão investidos, e então os remodelam de modo pessoal. A "mente" é, definitivamente, a expressão da matriz de base, representada pelo patrimônio biológico e cultural comum do grupo, uma espécie de combinação única de tecidos de mosaico e simultaneamente o tecido do próprio mosaico (Foulkes S. H., 1973). Este conceito é análogo ao das mônadas de Leibniz: a unidade separada é uma ilusão, pois cada uma contém todos os elementos do universo.

O *Self*, ou melhor, a individualidade, é uma combinação única e que não se repete, expressão da matriz de base (que poderemos chamar também de *Self* grupal).

A matriz grupal é, pois, uma rede de relação e comunicação entre os vários indivíduos que aí representam os pontos nodais, ativada e mantida por meio de fenômenos de ressonância e reações de espelhamento.

Para Foulkes (1964), a comunicação interpessoal num grupo analítico acontece em níveis que interagem constantemente: 1. nível superficial; 2. nível de transferência; 3. nível projetivo; 4. nível primordial.

No nível projetivo estão expressos os mecanismos mentais mais precoces como a negação, a cisão, a projeção, a introjeção e a identificação projetiva. Isso responde ao mundo das relações primitivas e narcisistas com os objetos internos e parciais. O grupo representa o mundo interno do indivíduo com seus objetos internos (segundo os conceitos kleinianos), e ao mesmo tempo o corpo da mãe, assim como o do indivíduo. O nível primordial, ou dos arquétipos do inconsciente coletivo, foi particularmente estudado pelo grupoanalista argentino R. Usandivaras (1986b).

Jung diferencia o inconsciente pessoal (no qual são procuradas lembranças distantes do que é vivido) do inconsciente coletivo (sede da memória de toda espécie humana conservada desde a Antigüidade). O inconsciente coletivo filogenético é constituído pelos arquétipos, conceito muito afim ao padrão de comportamento da biologia. O arquétipo faz parte do código genético e é de natureza biológica, herda-se com a estrutura cerebral. Os arquétipos são conteúdos universais que pertencem a todas as culturas e a todas as épocas. O inconsciente coletivo contém a hereditariedade filogenética, é o depósito de todas as experiências humanas até os mais obscuros primórdios, o equivalente interno da criação desde o primeiro dia (Jacobi J., 1957). A construção de um ninho é um processo arquetípico, como a dança ritual das abelhas, a abertura da cauda do pavão, a migração dos peixes e das aves etc.

Os arquétipos são sempre inconscientes e alcançam a consciência sob forma de imagens arquetípicas; são muitas, e no seu desenho fundamental são imutáveis, enquanto são mutáveis no seu modo de manifestar-se. Existe uma ordem hierárquica: os progenitores, os secundários, os terciários etc., assim como espécie, raça, europeu ou americano, nação ou região etc. Os últimos devem ser considerados variações dos primeiros, mas se manifestam com as características específicas do tempo e do ambiente.

> "Qualquer arquétipo, como por exemplo, o da Grande Mãe primordial, gera uma série de imagens arquetípicas que podem atingir a consciência. As imagens arquetípicas da mãe são de muitas espécies e muito diversas, desde aquela da terrível deusa Kali, devoradora de homens, àquela da Mãe Celeste, a Virgem Maria, passando por outras como a lua, a terra, o mar, a caverna etc. Tem a bipolaridade característica das manifestações arquetípicas: um aspecto maligno e um benigno" (Usandivaras R., 1986a).

Não existe um limite definido entre o inconsciente pessoal e o coletivo, mas se pode dizer que são complementares, pois um contém o outro.

Podemos dizer que esta estruturação da Matriz de grupo, descrita por Foulkes nos grupos analíticos, encontra seu equivalente na grupalidade interna, com os seus níveis de comunicação em constante interação, espelhando os da grupalidade externa. Uma remodela a outra num continuum *dinâmico.*

Para concluir, a mente é o resultado da contínua interação entre o biológico, o intrapsíquico e o relacional. Não existe dualismo entre mente e corpo.

Foulkes (1975a) afirma que "graças a uma particular abstração podemos isolar, entre eles, os fatores biológicos, sociais, culturais e econômicos. A vida mental é expressão de todas estas forças, seja a nível horizontal na realidade estritamente atual, seja a nível vertical em relação à hereditariedade do passado" (p. 37).

Formação do Terapeuta em Grupoanálise*

A formação do grupoanalista é semelhante à do psicanalista, porém com algumas diferenças.

No início, para aqueles que pretendiam se tornar psicanalistas, não era pedida nenhuma análise individual. A convicção de Freud era que uma pessoa inteligente que entrasse na "norma" pudesse auto-analisar-se. Logo esta convicção se transformou naquela de que ninguém poderia realmente fazê-lo profundamente.

O sistema de formação analítica nasce entre 1920 e 1930 por obra de Eitingon no Instituto Psicanalítico de Berlim. Tal sistema, que se mantém até hoje, compreende a análise pessoal, a formação teórica e a análise de controle. No início, praticavam-se análises de breve duração, depois o período de análise foi se prolongando progressivamente em relação às necessidades terapêuticas dos candidatos, até o ponto de não se poder prever a duração. Junto a um bom nível de análise pessoal, inicia-se a formação teórica e posteriormente a prática analítica sob supervisão (Fine R., 1979).

* Extraído do artigo publicado em *Attualità in Psicologia*. 2 (2), 33-36, 1987.

Freud, em *Análise Terminável e Interminável* (1937), levantou o problema que os analistas não conseguem compreender os níveis de normalidade psíquica que impõem aos pacientes e propõe como solução a retomada da análise a cada cinco anos aproximadamente. É oportuno recordar a perplexidade suscitada pela relação entre adestramento e doutrinação.

Balint (1965) afirma que a atmosfera analítica lembra de perto as cerimônias de iniciação: "Sabemos que toda iniciação geralmente tem por objetivo forçar o novato a identificar-se com seu iniciador – para introjetá-lo e a seus ideais – e a construir sobre esta identificação um forte superego que o influenciará por toda a vida. Na verdade é uma descoberta surpreendente: o que nós conscientemente desejamos de nossos candidatos é que eles desenvolvam um ego forte e crítico capaz de suportar notáveis tensões, livre de toda transferência automática ou de modelos de pensamento. Ao contrário desta aspiração consciente, nosso comportamento, e o que vige no atual sistema didático, conduz necessariamente, por muitos aspectos, a um enfraquecimento destas funções do ego e à formação e fortalecimento de um 'superego' de tipo especial" (p. 29).

Balint acredita na manutenção do atual sistema de formação, desde que não se acentue a formação de um novo e mais forte superego, porém mais a formação de um ego crítico e tolerante. Conclui que na formação é oportuno que o didata se despoje da máscara de onisciência e não tente dar "muitas interpretações, muito precoces e muito bem assimiladas, que eventualmente possam impedir o candidato de fazer descobertas pessoais por seus próprios meios e, de alguma maneira, de crescer... A intenção é a mesma de fazer crescer as crianças que possam estar, talvez, apenas menos saciadas, cujo interesse não se restrinja ao 'alimento bom', mas que sejam independentes" (p. 62).

As regras e os problemas relativos à formação do grupoanalista são análogos àqueles do psicanalista. O treinamento compreende uma análise pessoal grupoanalítica, preferivelmente num grupo de pacientes, a formação teórica e a condução de um grupo sob supervisão. A análise terapêutica grupoanalítica, do mesmo modo que a psicanalítica, é o momento mais importante da preparação. Não há fim preestabelecido, e a duração depende das necessidades terapêuticas do aluno e do parecer da comissão de treinamento.

A supervisão é feita em grupo, o que, coerentemente com os princípios grupoanalíticos, oferece a vantagem de poder aprender um do outro, sob a monitoração de um coordenador, e maior objetividade. A supervisão do grupo é um aspecto extremamente importante do treinamento. Ela oferece a melhor ocasião para o exame dos problemas legados à contratransferência e as reações reflexivas do terapeuta.

A *contratransferência,* como sublinha C. James (1979), pode ser vista como um perigo para o tratamento, mas também como importante meio para a compreensão do que intervém e influencia no comportamento do analista.

Uma mudança do comportamento do terapeuta, de tipo inconsciente, modifica totalmente o curso dos eventos do grupo. O terapeuta personifica a terapia e participa do processo grupoanalítico e, neste sentido, assim como para o paciente, o grupo é um "complexo intrapsíquico": as configurações do grupo são a representação dos processos internos inconscientes, e os outros membros são a personificação das partes cindidas do indivíduo.

Os papéis dos pacientes não dependem apenas da sua personalidade e das relações com os outros pacientes, mas freqüentemente das "projeções, expectativas e estímulos inconscientes provocados pelo terapeuta" (Foulkes S. H., 1964), (contra-identificação projetiva).

Na óptica do grupo como um todo, o terapeuta é visto, principalmente na fase inicial, como uma figura paterna, na qual vem projetada o ideal do ego ou o superego, ou como um líder primordial onisciente e onipotente. O risco contratransferencial é o de corresponder às fantasias do grupo, sentido como um instrumento de gratificação narcísica. É fácil cair na tentação de corresponder à expectativa de curas mágicas.

Em nível individual, sob o fundo da matriz grupal, inscrevem-se as manifestações de transferência no sentido clássico, como projeções de objetos internos, partes cindidas etc. Neste nível, a contratransferência do terapeuta compreende as reações contratransferenciais em sentido estrito, mas também as suas *reações de ressonância e espelhamento e as reações às dinâmicas do grupo que está conduzindo*. Assim, sensações de simpatia, antipatia, agressividade, medo, impulsos libidinosos, aceitação, recusa do indivíduo e recusa do grupo adquirem importância particular. Problemas edípicos podem ser reativados. As mulheres podem ser objeto de fantasias maternas eróticas ou de recusa por complexo de virilidade. Em relação aos homens podem aparecer sensações antiagressivas, sob a forma do denominado complexo de Cronos, ou fraqueza por atitude submissa, com expectativa de virilização. Os homens podem personificar angústia de castração, as mulheres, da mesma forma, a parte feminina temida e desejada.

Em nível pré-edípico os membros podem ser vistos como negação de aspectos narcísicos, orais, sádico-anais e fálicos.

O papel do grupo de supervisão, sob a monitoração do coordenador, é portanto da maior importância. Assim como a transferência pode assumir uma função de resistência, também a contratransferência assume a função de contra-resistência. Foulkes observou que ao analisarem os outros, os analistas podem defender-se da recuperação. O grupo analítico de supervisão revela-se a melhor situação para observar e corrigir este tipo de interação. Este pode ser o instrumento de maior garantia para favorecer o adestramento e obstaculizar a doutrinação.

Uma das maiores preocupações de Foulkes sempre foi a de não oferecer muito esclarecimento e exposição. Como refere T. Lear (1984):

> "para ele a teoria não era a recitação para compreender bem as teorias, mas o encontro de mentes sobre um território negociado num momento particular. Os termos do encontro poderiam confirmar conceitos com todos os meios, mas nunca a sua imutabilidade. Ensinou-me a como teorizar antes de memorizar as teorias correntes" (p. 41).

Anamnese e Seleção dos Pacientes*

À luz das premissas teóricas da grupoanálise, a anamnese deve ser finalizada com o melhor enquadramento possível do paciente no seu contexto sociofamiliar, além da investigação de todos os principais aspectos pessoais que possam ser úteis para indicar o nível pessoal dos conflitos e problemas. Isto se dá ao fim da indicação e seleção para a terapia analítica.

A investigação anamnéstica (trata-se da anamnese praticada no Ambulatório Neuropsiquiátrico do Departamento de Ciências Neurológicas da antiga Clínica de Doenças Nervosas e Mentais, da Universidade de Roma "La Sapienza") inicia com o pedido de todas as informações e os dados objetivos relativos ao *contexto sociocultural* no qual o paciente nasceu e cresceu: local de nascimento, idade, instrução, atividade laboral de ambos os pais, composição do núcleo familiar de origem e todas as informações relativas a eventuais problemas socioeconômicos e afetivos deste núcleo, como por exemplo, perda precoce de um dos pais, separações, divórcios,

* Extraído da participação no XXV Congresso Nazionale della Società Italiana di Psicoterapia Medica. Pavia, 5 e 6 de outubro de 1991, parcialmente revisado e modificado.

conflitos parentais ou entre pais e filhos, instituto para crianças abandonadas, orfanato etc. Depois são recolhidas todas as informações úteis relativas *à inserção social* a partir da idade escolar: 1. Escolas: maternal, elementar, média etc., eventual colégio, escolas públicas ou privadas, religiosas ou não, eventuais conflitos ou problemas relativos à inserção escolar; 2. Religião: qual, praticada ou não, eventuais problemas; 3. Atividade e ambiente laboral: eventuais problemas; 4. Estado civil: casado ou não, características do cônjuge ou do companheiro em relação à idade, nível de instrução, local de proveniência, família de origem e todos os eventuais problemas da vida afetiva e sexual, relação com os filhos etc.

Passa-se então à coleta de dados úteis e obtenção de informações indiretas sobre conflitos e problemas da *fase de desenvolvimento psicossexual*. 1. Aleitamento: materno, por ama de leite, artificial, duração, eventuais problemas no desmame, eventuais distúrbios alimentares (inapetência, anorexia, bulimia etc.), uso ou abuso de álcool, tabaco, drogas etc.; 2. Funções dos esfíncteres anal e uretral: época de início do controle dos esfíncteres, eventuais disfunções (prisão de ventre, diarréia, enurese etc.); 3. Atividade genital com eventuais distúrbios: (impotência, ereção parcial, ejaculação precoce ou ausente para os homens; frigidez, anorgasmia, dispareunia ou vaginismo para as mulheres), eventuais perversões. Para as mulheres solicitar informações relativas à menarca, à regularidade do ciclo menstrual e à menopausa; 4. Sono e eventuais distúrbios.

Todas estas informações podem ser úteis para conhecer indiretamente fixações ou regressões na fase de desenvolvimento psicossexual. Leve-se em conta que estes dados são importantes não só ou nem tanto pela óptica da teoria freudiana dos instintos, mas também pela óptica da teoria das relações objetais, para a qual as zonas erógenas adquirem o valor de canais relacionais.

Segue a coleta de informações sobre eventual *patologia orgânica* e o local desta, a fim de obter indicações indiretas sobre os "órgãos alvos" e seu significado psicodinâmico.

Solicitam-se também informações sobre eventual *patologia psiquiátrica da família de origem.*

A época de origem e características da *sintomatologia* concluem o questionário anamnéstico.

A partir das informações coletadas e do diálogo com o paciente é formulado um *quadro sinóptico* (ver Esquemas 1 e 2) que permite uma hipótese, pelo menos provisória, de diagnóstico clínico nosográfico e psicodinâmico.

No quadro sinóptico são registrados: 1. diagnóstico clínico nosográfico; 2. hipótese acerca de problemas indicados pela sintomatologia; 3. principais mecanismos de defesa colocados em ação; 4. capacidade de *insight* e motivação para a psicoterapia analítica; 5. tratamento mais adequado; 6. esquema dos principais sintomas distinguindo-se as esferas somática e psíquica.

Como destaca Foulkes (1975a), "deste modo obtém-se um bom quadro do tipo de angústia, da constelação psicopatológica característica (paranóide, depressiva etc.) ou das zonas erógenas importantes, das formas típicas de angústia e dos níveis de regressão, tanto dos impulsos do id como dos mecanismos do ego" (p. 45).

Baseando-se nesta investigação inicial, muitas vezes completada com exames psicométricos (MMPI, Rorschach, TAT etc.), é formulada uma primeira indicação ao tipo de tratamento: farmacológico, psicoterapia sugestiva de manutenção, outras psicoterapias não analíticas e psicoterapia analítica.

A escolha da psicoterapia analítica se baseia prevalentemente sobre critérios gerais: capacidade de *insight*, motivação para mudança, nível escolar, idade, contexto relacional – sobretudo o local familiar – do qual o paciente provém com relativa motivação e resistência. Em relação ao quadro sintomático o cálculo é absolutamente relativo, tendo em vista as contra-indicações: por exemplo, psicose aguda.

Depois desta primeira avaliação, o paciente é inserido num *grupo de "prova"* com duração de alguns meses. Assim é possível efetuar um melhor diagnóstico psicodinâmico e avaliar as motivações para mudança, a capacidade de *insight* e a de interagir verbalmente com os outros. A *seleção* se torna quase sempre uma auto-seleção, depois que os elementos menos aptos se auto-eliminam espontaneamente. "Economiza-se tempo enquanto o grupo, no conjunto, evidencia que o indivíduo não é uma pessoa adaptada a qualquer tratamento ou que outra aproximação se deva aconselhar" (Foulkes S. H., 1948, p. 77).

O grupo de prova é útil também para selecionar os pacientes para os quais pode ser mais adaptado o tratamento analítico individual. Isto ocorre quando: 1. os conflitos são profundamente radicados nas primeiras fases do desenvolvimento psicossexual infantil, necessitando de regressão psicanalítica; 2. os distúrbios são percebidos de maneira tão angustiante que inibe a comunicação com os outros (por exemplo, perversões sexuais).

Quadro sinóptico – *Esquema 1*

Nome completo ....

1. Diagnóstico clínico ....

....

2. Hipótese a partir da sintomatologia ....

....

3. Mecanismos de defesa ....

....

4. Capacidade de *insight* ....

....

5. Motivação para mudança ....

....

6. Tratamento ....

....

Quadro sinóptico – *Esquema 2*

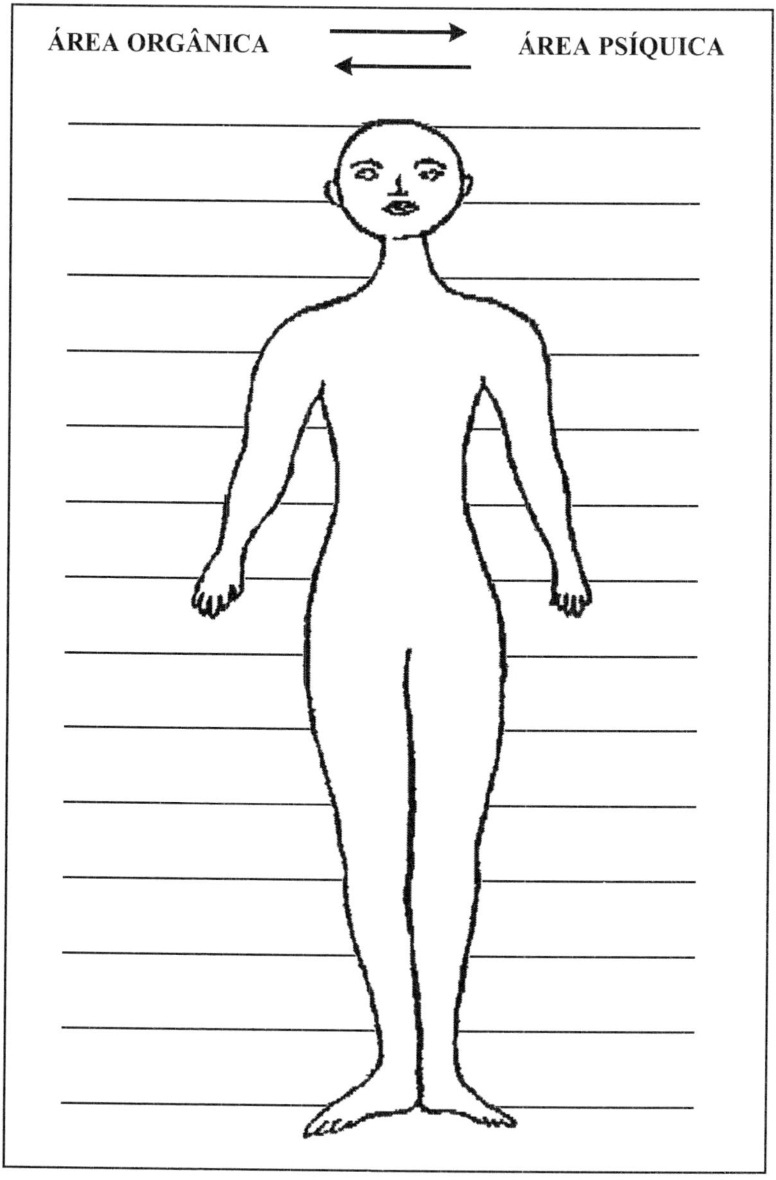

O Tratamento Grupoanalítico de Doenças Psicossomáticas: as Cefaléias*

A maior parte dos autores que estuda as cefaléias, seja a nível nacional ou internacional, continua a ter uma visão reducionista no âmbito biológico, ignorando de todo a dimensão psicogenética. A experiência de mais de 20 anos de estudo deste distúrbio permitiu aprofundar e reforçar a idéia de como a psicogênese das cefaléias, chamadas "essenciais", ocupa um lugar de primeiro plano. A pesquisa conduziu à publicação de uma recente monografia sobre o assunto (Pisani e Arzilli, 1994).

Após um exame cuidadoso para excluir uma patologia orgânica causadora das cefaléias, esta pesquisa concluiu que, na maior parte dos casos, tratava-se de uma somatização depressiva hísterohipocondríaca contínua (cefaléia tensional), subcontínua (cefaléia mista) ou por acessos (hemicrania, cefaléia em "cacho"). Trata-se assim de uma forma atenuada de depressão neurótica, expressa sob a forma de sintoma somático monossintomático (psicoestesia ou

* Extrato de intervenção em colaboração com a Dra. Silvia Goretti no Simpósio da Accademia Lancisiana: *"La patologia psicosomatica e somatopsichica: il contributo della biologia, della psicoanalisi e della gruppoanalisi"*. Roma, 9 de junho de 1998.

cenestopatia na psicopatologia clássica) ou fazendo parte de um conjunto plurissintomático mais vasto. Às vezes, a somatização torna-se proteção e barreira para evitar a invasão psicótica (pacientes borderlines).

Estas conclusões se baseiam nas seguintes observações:

- a anamnese de um número notável de casos desde 1974 até hoje, evidencia constantemente um quadro neurótico em todas as formas de cefaléia "essencial";
- o teste MMPI é caracterizado por um perfil neurótico depressivo constante, hístero-hipocondríaco, seja na hemicrania como em outras formas de cefaléia. Tal perfil foi confirmado pelos resultados obtidos com o Rorschach (Pisani R. A., Colangeli G., Popolla P., 1996);
- a disfunção do sistema serotoninérgico é simultânea à depressão;
- o tratamento com antidepressivo tipo amitriptilina é eficaz na cura e na profilaxia da hemicrania;
- alguns pacientes apresentados com hemicrania posteriormente manifestaram claros quadros psicóticos;
- o deslocamento e a volta da agressividade contra si mesmo são os mecanismos de defesa que as cefaléias e a depressão têm em comum;
- o tratamento grupoanalítico de alguns pacientes fez melhorar ou desaparecer definitivamente a cefaléia.

Trata-se, portanto, de uma substituição da linguagem do corpo para a linguagem psíquica, cuja livre expressão é impedida por herança cultural e medos arcaicos. Nemiah e Sifneos falam disto a propósito da "alexitimia".

Pesquisas recentes mostraram como a liberação da serotonina, da prostaglandina, da substância P e de outras substâncias de atividade vasoativa, algógena e neurotrópica são o evento central da crise.

É provável que estas substâncias representem o anel somático ou correlato biológico através do qual se realiza o sintoma.

Nossos estudos confirmaram as observações de outros autores de formação psicanalítica e psicossomática, evidenciando como a cefaléia representa uma expressão somática de um conflito psíquico, em grande parte inconsciente, centrado particularmente na gestão da agressividade. *O sintoma exprime essencialmente um deslocamento e uma volta contra si mesmo de sentimentos hostis, inicialmente voltados contra um objeto externo.*

Num nível edípico, a cefaléia seria expressão do direcionamento da agressividade para um órgão fálico por efeito do sentimento de culpa. Nos homens isto seria expressão da angústia de castração e, nas mulheres, da recusa da feminilidade ou complexo de virilidade: observa-se freqüentemente na prática clínica a ocorrência de crises de hemicrania coincidentes com o ciclo menstrual ou a dismenorréia. A nível pré-edípico, as cefaléias são ligadas a aspectos anais retentivos. Quase sempre se acompanham de prisão de ventre e é comum que os próprios pacientes relacionem sua dor de cabeça a um "entupimento intestinal", fazendo uso de purgantes e laxativos para se liberar. Ao mesmo tempo, descobrem-se problemas de dependência oral não resolvida, com particular atenção ao conflito separação-individuação. *Este conflito é mais evidente nos casos em que o recurso ao distúrbio psicossomático serve ao ego frágil como defesa da desintegração psicótica (pacientes borderlines).*

Acrescente-se que a grupoanálise vê o paciente como expressão de um equilíbrio perturbado, num campo total de interação que envolve diversas pessoas. Os distúrbios psíquicos são expressões de um processo interativo e estão em estreita correlação com as condições sociais e culturais. Neste ponto de vista a Grupoanálise concorda com a Antropoanálise, salvo algumas diferenças, segundo a qual o corpo não é considerado como um instrumento isolado, mas como instrumento de inter-relação, "intermediário do encontro com o outro..." "O corpo é, preeminentemente, corpo de expressão" (Callieri B., 1987). De acordo com Callieri: "esta evidência da intermediariedade do Leib (o corpo próprio) se impõe irresistivelmente e então abre o nosso horizonte coexistencial sobre NÓS que, com

Martin Buber, se torna uma verdadeira e própria categoria existencial, a 'nosdade'".

A matriz grupal condiciona a escolha e a modalidade expressiva de um problema comum, e é responsável por sua manutenção. *Assim, enquanto no passado se registrava a alta incidência de graves quadros histéricos, no momento atual estão muito difundidos os distúrbios mais ligeiros, como as cefaléias, mais difíceis de decifrar, entre outras coisas, no seu significado.* Provavelmente as velhas formas espetaculares estão desaparecidas por uma maturação da matriz grupal (ideocultura ou cultura do ego, de acordo com de Maré, 1991), que é menos propensa a acolher a comunicação e o apelo grosseiramente histérico, e está mais disposta a aceitar e levar em consideração outras modalidades expressivas mais adaptadas ao momento cultural, como os quadros hipocondríacos e os distúrbios somáticos.

A sessão grupoanalítica, a seguir relatada, é um exemplo clínico muito significativo do que temos afirmado. Faz parte do livro *A Cefaléia Essencial* (Pisani R. A.; Arzilli A., 1994) que o leitor poderá consultar para outros detalhes. A senhora A. sofria de hemicrania clássica e o senhor E. de cefaléia "em cacho". T é o terapeuta (Pisani).

A senhora A. fez psicoterapia grupoanalítica num grupo pequeno de 1983 a 1987. O senhor E. de 1981 a 1984. A senhora A. nunca mais teve crise até o momento (1999). O senhor E. interrompeu a terapia depois de uma fase de melhora sintomática. Apresenta ainda hoje (1999) fases de cefaléia, que comumente tem freqüência, intensidade e duração menores, e não requerem uso maciço de fármacos como no passado.

Sessão Grupoanalítica

Realizada em 6 de julho de 1983.

Cinco participantes: duas mulheres (A. e F.) e três homens (E., P. e B.).

O grupo fala de férias:

P. (no passado teve a fantasia de ser o culpado pela morte de Bachelet): "Sonhei com um novo assassinato de Bachelet. Dentro de mim: 'mas como matam uma pessoa duas vezes?'... penso novamente no ocorrido com Bachelet, 'matam uma pessoa morta'... enquanto caminhava pensava que a polícia chegava..."

A. conta seu sonho: "Encontrava-me no jardim da casa que tínhamos no campo. Viro e vejo um grande lagarto, que se mete dentro de um grupo de palmeiras; vou até a casa, pego um fuzil e da janela procuro atingi-lo, disparei duas ou três vezes; num certo momento me pareceu tê-lo golpeado, mas a bala ricocheteou contra o ferro de um gazebo e veio contra mim... neste meio tempo logo percebi que o lagartão se tornou uma espécie de gnomo, anão, homem feio vestido de marrom. A idéia de que fosse um homem me assustou: 'matei um homem!' Dei-me conta, mas a bala veio contra mim; no momento que ia me atingir caí por terra..."

F.: "Mas o homem estava caído?"

A.: "Dei-me conta de não tê-lo matado porque a bala ricocheteou e me golpeou na cabeça... tenho a impressão que zombava de mim..."

P.: "Você o atingiu como a um alvo?"

A.: "Sim, mas voltava contra mim (o projétil)... ontem tive uma crise de cefaléia... uma crise muito estranha, tive um sentimento indistinto (um aviso) na noite anterior... estava na casa de uma pessoa que veio me pegar e ali tive a crise... um calor, a cabeça que explodia, lacrimejamento, parecia estar às escuras... depois da crise tive a impressão de atirar fora alguma coisa, esta dor, quase uma angústia, o lacrimejar, sentir-me frágil, esta dor que saía e voltava, como se a quisesse atirar fora, mas não se resolvia".

P.: "Pergunto se nas suas dores de cabeça havia uma passividade, como uma coisa orgânica; desta vez, como se a controlasse, a combatesse, opôs-se a ela, como numa batalha".

A.: "Estava pensando na balinha que ricocheteou em mim como um fantasma, uma coisa para suportar... no sonho caí porque não saio para lutar, ontem em vez disso me senti mais participante".

F.: “O gnomo zombava no chão”.

T.: “A balinha que vai para frente e para trás sem se decidir por um objetivo bem definido... se vai para fora ou para dentro... esta agressividade expressa pelo golpe do fuzil, em direção a quem é dirigida; como nunca vira para trás, o que pode representar?... talvez os dois sonhos um pouco se assemelhem. No primeiro, a morte de Bachelet, uma cena que se repete como em videoteipe...”

E.: “O meu bisão que se transforma em vaca leiteira... o teu lagartão que se transforma em gnomo... pensava nas analogias... tínhamos nós dois a cefaléia mesmo que em modalidades diversas... há pontos de contato... é da agressividade controlada em nós, que se volta contra você no seu caso; no meu está apagada porque não tive mais necessidade de matar, de disparar... no momento em que estou para disparar, o bisão se transforma numa vaca leiteira... decido então não mais disparar... mas você tem mais golpes, eu um só, e por isso o bisão se aproxima muito; por outro lado arrisco não atingi-lo, e não faço a tempo de recarregar a arma”.

T.: “O golpe não sai... no caso de A. sai e volta... o seu golpe é como se não pudesse sair, como contido num barril de ferro (seguro)... uma espécie de *bunker*, de um outro sonho seu, do qual não se sai... fortíssimas cargas explosivas que não podem sair... como se você negasse uma agressividade... e revolta contra um bisão, que depois se torna uma vaca leiteira... o simbolismo é bastante claro... só que permanece em nível de intenção... Para A. o golpe sai e volta, no seu caso não há nem tempo de sair... como se faz para disparar numa vaca? Pode dizer mais?”

E.: “Talvez num lagartão sim, um gnomo o evitaria, é um malvado dotado de poderes... o bisão, ou o mato ou ele me mata... mas uma vaca... pode ser a mãe que dá leite, calor, vida, seria um homicídio... não creio que reprimo a agressividade... depende da ocasião...”

P.: “Não se pode agredir a uma pessoa que lhe faz bem”.

E.: “Dá-lhe o leite, a comida, como vai golpeá-la...”

P.: “Gostaria de acrescentar... que sonhei enquanto pensava no rancor contra a autoridade... Primeiro pensei em quando fui operado.

Estava ali; um cirurgião jovem não estava de acordo com a intervenção; o assistente velho: 'que disse opere-o'... um rancor contra esta autoridade; com ele não ousei dizer o contrário, fiquei quieto... pensei em Bachelet como autoridade... penso na minha passividade contra a autoridade, isto é suportar passivamente".

T.: "Pressupõe uma raiva 'homicida'!"

P.: "Eliminá-lo, desmontá-lo; 'ponho a assinatura e me vou'; é como matá-lo... pensei num professor na escola, quando fui humilhado; 'você, quieto!'; enquanto dizia que devia estudar mais do que todos, senão me repreenderia... dei um espirro livre, com bastante rumor; me comeu, lembrava meu pai tanto fisicamente como em tudo, calvo, pessoa autoritária... 'aquele é um fascista!'... voltando agora a meu pai, ele me impunha certas coisas, tipo ir fazer as compras quando minha mãe estava grávida, me impunha acompanhá-la e isto me incomodava porque me envergonhava pelas condições de minha mãe (grávida, sexo, deve estar longe do sexo)... rancor e grande agressividade contra esta autoridade que não tive mais coragem de enfrentar, ao menos com palavras..."

T.: "Expectativa de represália..."

P.: "De vingança... tenho sempre logo a autoridade, uma agressividade, um rancor".

B.: "Começando do pai, ainda hoje da mãe, aos chefes do escritório, todos aqueles que me cercam. Esta agressividade às vezes se acentua... quando criança ficava logo vermelho, mesmo quando dava um bofetão num companheiro... Sempre tolerei... mas competir só com a voz, não sou capaz, me atrapalho".

T.: "Um pouco como se a bala sempre voltasse para trás... para quem B. estaria apontando o fuzil?"

B.: "A morte da minha mãe me daria liberdade... mataria ela ou minha mulher, mas neste caso não resolveria nada porque os problemas permaneceriam... eu suporto e basta..."

P.: "Meu pai tem um caráter forte, autoritário, faz tudo sozinho".

B.: "Sempre me sinto um intruso na minha família".

T.: “Como se você se sentisse abandonado... uma raiva relativa a este estado de ânimo, mesmo sendo um bom menino”.

A.: “Sinto falta da relação com meu marido... o gnomo, identifico-o com o aspecto masculino”.

T.: “No folclore, o gnomo é atributo masculino”.

A.: “Que ri de mim porque sou ‘anorgásmica’ ou porque não tenho satisfação sexual e ele está bem assim”.

O Grupo Balint Grupoanalítico*

O mérito da iniciativa de organizar um grupo Balint, cuja condução foi confiada a mim, é das fisioterapeutas do Departamento de Ciências Neurológicas da Universidade de Roma "La Sapienza".

Como se sabe, a idéia básica de Balint era a de fornecer aos médicos (e aos trabalhadores na área da saúde) um aprendizado apoiado essencialmente na interação e na influência recíproca entre o médico e o paciente, e particularmente o comprometimento do médico na relação com o paciente (Balint M., 1970).

Chamei o grupo Balint "Grupoanalítico" à medida que foi implantado segundo os princípios teóricos, metodológicos e técnicos de S. H. Foulkes.

O grupo começou em maio de 1987. Era constituído, no início, por seis fisioterapeutas, uma reeducadora de linguagem e uma técnica em neuropsicologia. Reunia-se uma vez por semana, na palestra de fisioterapia, com duração de 1h30, até o fim determinado para a primavera de 1988, como definido desde o início.

* Extraído do trabalho apresentado no XXXVII Congresso Nazionale della Società Italiana di Psichiatria. Roma, 6 a 11 de fevereiro de 1989, publicado em *Psichiatria* CIC Edizioni Internazionali, Roma, 1989.

O grupo foi organizado com a finalidade de discutir os problemas e as dificuldades emocionais no tratamento de pacientes neurológicos. De janeiro a março de 1988 o grupo foi acrescido de seis médicos, dos quais só quatro participaram com certa assiduidade, e uma psicóloga que veio poucas vezes.

Em outubro 1987, por necessidades organizacionais, o grupo foi transferido do local inicial para o ambulatório.

Destacarei alguns temas fundamentais do processo grupal, como o conflito impotência-onipotência e alguns conteúdos do nível primordial da grupalidade.

Na *primeira sessão* a neuropsicóloga fala do "cérebro dividido" (*split brain*), que é sentida como um ato de sadismo e violência, assim como todos os experimentos, os tratamentos médicos invasivos (como a flebóclise), as intervenções cirúrgicas etc. As pesquisas preventivas, tipo Papanicolau e todas as intervenções preventivas para a vida são sentidas como inúteis frente à inexorabilidade da morte. A senhora C. fala de um paciente que chegou são e forte, só pensando em não morrer, e sujeitou-se a se fazer cortar "um pedacinho por vez". A senhora E. só se faria operar com "Deus descido na terra". A vida e a morte se delegam só a esta autoridade. É desenvolvido um diálogo sobre a oportunidade de permanecer na vida, pelo menos em cadeira de rodas. A senhora A. intervém dizendo: "Façamos movimentar este paciente, vamos reanimá-lo".

Seguem-se fantasias relativas a histerectomia, mastectomia, pílulas anticoncepcionais e, em geral, aos antimutilantes.

Faço notar que há um esqueleto na conversa. A senhora A. comenta que é um "esqueleto de mulher". A senhora C. se tivesse uma "ervilha"[1] não teria problemas. Para a senhora B. "o câncer nos testículos é muito mais raro, os tumores são todos da mulher, é a feminilidade que se aceita mal".

Senhora A.: "levei cem anos para compreender que era mulher".

[1] N. da T.: A tradução é literal. Em função do contexto, parece indicar em oncologia um termo não técnico para nódulo.

Senhora C.: "pelos primeiros vinte anos pensei que poderia bancar o homem, depois compreendi que não era homem e disse: 'que beleza, sou mulher'; agora pergunto: 'por que nasci mulher?'"

Senhora B.: "estou presa a todos os homens que quis. Quis um filho homem, tenho uma filha mulher, mas queria um homem".

Senhora D.: "meu pai é um que arruinou as mulheres, verdadeiramente enganou as mulheres".

Comento que partimos do "cérebro dividido", passamos ao sadismo e à morte para chegar às pobres mulheres "esqueléticas" em confronto com a grandiosidade masculina.

A senhora A. começa a falar de um paciente de 27 anos que faz a reeducação da linguagem porque é afásico. Sobre ele é projetada a imagem do esqueleto e todo o grupo se empenha para saber como ajudá-lo melhor. A senhora D. afirma no fim da sessão: "o trabalho que fazemos não é violento, é reconstrutivo ao máximo".

O conteúdo da sessão diz respeito à projeção de partes castradas e ao esforço de falhar de novo.

Na *sessão seguinte* a senhora A. fala de modo mais amplo do caso da sessão precedente. É um rapaz de 27 anos que vem de trem, de um lugar do interior, todas as manhãs. Um aneurisma provocou-lhe um íctus. Retomou a função motora das articulações do lado direito, mas restou uma afasia motora gravíssima que lhe permite reproduzir apenas sons e alguma palavra estereotipada. É muito inteligente e receptivo, procura aprender o mais possível e cada vez volta mais "rico", dá incrivelmente um passo adiante. Deu-lhe muita satisfação; tem êxito em reproduzir até o k, muito difícil de evocar. Com sua ajuda começa a falar e a ler, penosamente, e até a responder a algumas perguntas. Não obstante, a senhora A. não é muito entusiasta porque está convencida que ele nunca terá êxito em ter uma linguagem funcional. Está insatisfeita, sente que a sua ajuda é puramente "acadêmica". Gostaria de uma recuperação completa e perfeita.

O grupo oscila entre a valorização dos sucessos parciais e a frustração pela relatividade dos resultados. Voltam as considerações pessimistas de que tudo é inútil e se deve morrer.

Faço notar, entretanto, que o esqueleto está desaparecido da reunião. Sublinho a grosseira desvalorização da intervenção de reeducação e pergunto se aqui pode haver interferência de aspectos pessoais emocionais.

A senhora A. diz que tudo é coincidente com a sua meia-idade. Sempre pensou que iria permanecer jovem e a velhice caberia aos outros. Em vez disso, agora percebe, de modo frustrante, que morrerá velha.

A senhora D. associa o caso de um juiz com monoparesia na articulação superior direita, que não estava mais em condições de assinar, e que com a fisioterapia teve êxito para recuperar-se quase completamente. Neste ponto ela ficou angustiada. "No início eu conseguia, alcançava a negação do *handicap*, com a minha presença e a minha intervenção fui capaz de cancelar o *handicap*, depois veio a crise existencial e não estava mais em condições de negar. Isto me dá angústia e frustração".

Senhora B.: "parece-me que você pecou por um sentimento de onipotência. Por que não ser um pouco humilde?"

Senhora D.: "é um problema de incapacidade de ter um padrão... o mundo é feito de coisas que se resolvem, de coisas que não se resolvem e de coisas que se podem resolver assim e assim. Eu faço sempre muito ou não faço e desfaço tudo".

Senhora A.: "...em vez disso, o meu é um problema de onipotência, gostaria de fazer a imposição das mãos, ter a capacidade de um pranoterapeuta com um pouco de gente em volta, você põe as mãos e aquilo levanta e caminha... se fosse deste modo o meu trabalho poderia ajudar-me... além de tudo descobri que piorei. Com 15 anos era um monstro com óculos, sapatões e espinhas, depois fui melhorando, agora compreendo que vou piorar..."

Senhorita G.: "Às vezes penso na morte e na velhice e tenho medo da solidão... tenho pavor da esclerose múltipla... sinto-me geralmente inferior aos outros, imagino-me se tivesse a esclerose múltipla..."

Discute-se sobre a morte, se é melhor o câncer que faz morrer de repente ou a esclerose múltipla que dá a possibilidade de viver.

Observo que a senhora A., embora esteja fazendo coisas singulares, vê o paciente como um espelho da velhice, alguma coisa de catastrófico, mutilante, invalidante, e prova um sentimento de impotência relativo à própria incapacidade de abolir a sua velhice. Gostaria de possuir a onipotência mágica do pranoterapeuta para cancelá-la.

Segue-se uma discussão sobre a capacidade reprodutiva dos homens até a idade avançada enquanto as mulheres não, ainda que possam viver mais serenamente a sexualidade.

A senhora A. reconhece a velhice como uma pessoa velha sentada próxima a uma lareira, serena e com a consciência de ter atrás de si uma vida vivida o melhor possível e sem saudades.

O conteúdo desta segunda sessão é a frustração do sentimento de onipotência narcísica; frente ao paciente que espelha a velhice, a doença invalidante e a morte, isto é, a perda da "capacidade de vida" que os "meninos" têm e as meninas não. O sentimento de impotência (mutilação feminina) vem diametralmente oposto à onipotência do pranoterapeuta (grandiosidade masculina).

Nos grupos posteriores vai-se à procura de um chefe onipotente e desresponsabilizante que "ponha fim ao caos".

Sessão de 9-6-1987

Para a senhora D. "falta um chefe carismático".

Para o paciente do qual falei antes, a senhora A. queria uma solução definitiva. Está desiludida porque seu chefe deixou tudo sob iniciativa dela e transferiu toda a responsabilidade. Queria alguém que tomasse as decisões por ela. Procura uma figura paterna "estável" a quem se dirigir, o "velho sábio da montanha".

A senhora D. gostaria de ter e de se assemelhar a um chefe de grande paz e sabedoria (Gandhi). Com seu analista individual, ela se sente Dante e a ele o sente como Virgílio.

A senhorita G. vê Agnelli como seu ideal.

A senhora E. queria, ao contrário, um chefe mulher. Para a senhora C. "para o menino a mãe é o próprio chefe".

Reforço que o paciente é a projeção da impotência, que sente desilusão por não ter o poder mágico de revitalizá-lo, poder mágico que se espera de um "grande chefe", tanto mais protetor quanto onipotente.

Sessão de 16-6-1987

A senhora D. e as senhoritas G. e H. seguem uma paciente mastectomizada por câncer que tem uma atitude de negação e defesa hipomaníaca. Ignora a gravidade do seu mal, é muito eficiente e ativa, desenvolve uma infinidade de tarefas a serviço de outros. A senhora D. rechaça a negação e a reação. Sente que os outros a desfrutam e se aproveitam desse estado. Projeta a si mesma em fase defensiva devido ao seu sentimento de impotência. Há uma crise de choro ao dar-se conta do espelhamento.

A senhora A. manifesta que a onipotência é uma negação à impotência.

Sessão de 23-6-1987

O terapeuta se sente uma nulidade, não considerado. Seu trabalho não interessa a ninguém. Tem dúvida sobre o próprio papel. Ironizam sobre associação com os massagistas, as damas de San Vincenzo etc. Confrontam-no com os médicos, aos quais conferem poderes onipotentes, sobre as possibilidades de cada um. Algum médico tem sua reputação, outros "se crêem o doutor Kildare, mesmo que não o sejam, quando tiram as camisas"... Oscilam entre a revalorização do próprio papel e a desvalorização.

A senhora A. afirma que a sua categoria freqüentemente troca de trabalho, enquanto o médico não: "o médico é médico, o terapeuta é uma pessoa assim apagada".

Por um lado se tenta redimensionar os médicos, do outro se dá a eles muito crédito: "também eles têm suas dificuldades, seus problemas, suas loucuras". Para a senhora C.: "é verdade que não valem nada, mas vestem os paramentos, tem a sacralidade, o carisma reconhecido". O médico tem a "magia do sal que na estufa faz centelha e truques misteriosos". O sal, contudo, pode também destruir e esterilizar. "Os médicos têm o sal e nós não".

Intervenho sobre o tema do sal como símbolo do sêmen masculino, que por um lado pode fertilizar e por outro pode destruir. O grupo volta a atenção ao coordenador e comenta o papel dele. Para a senhora C.: "tem os paramentos e não se lhe pode tolher... podemos, contudo, suspendê-los, mas faz parte do jogo conferi-los e reconhecê-los". Para a senhora D. "ele é mágico! Alguém que entra num grupo e dirige sete a oito dinâmicas é mágico!" A senhora A. diz: "você personifica toda a série de figuras prevalentemente masculinas, autoridades que julgam, escutam... pessoas que depois não me deram satisfação... provavelmente reconciliáveis à figura paterna".

Nesta sessão o grupo, por um lado, projeta sobre o terapeuta a figura paterna e, pelo outro, o vive como uma figura primordial autoritária dotada de poderes divinos e ao mesmo tempo um ser diabólico.

Sessão de 30-6-1987

Observa-se um sentimento de solidão sem uma figura carismática e protetora. A senhorita F. se sente abandonada ao seguir três grupos de pacientes portadores da doença de Parkinson. Insinua-se um sentimento de desvalorização dos terapeutas também contra o Balint: "ninguém confia"... "pobrezinho, vamos sustentá-lo pelo menos com o Balint...!"

Sessão de 7-7-1987

É a última antes das férias. Faltam quatro membros. Ninguém preparou a sala com as cadeiras em círculo.

O grupo está depressivo. A senhora E. afirma que quem tem uma atitude madura e responsável termina por "perder a forma e a consistência". Ela tem cinco pacientes e os outros nenhum!

Sessão de 22-9-1987

É a primeira depois das férias. Uma das terapeutas mais jovens abandonou.

A senhora D. está deprimida, pessimista e desanimada. Sente esta sessão, assim como as de análise individual que está fazendo, como um grande peso, um tipo de "caixa chinesa", nem abre uma nem encontra a outra. Ronda novamente o espectro da inexorabilidade da morte. O grupo exprime a necessidade de ser amado e aprovado por qualquer um. A senhora D. tem uma frustração narcísica, a necessidade insatisfeita de encontrar alguém em quem refletir o *Self* grandioso, "sou a luz dos olhos seus". Todo o grupo (de mulheres) concorda que "a luz dos olhos" da mãe são os filhos homens. Na sessão seguinte a senhora D., que teve uma crise de angústia claustrofóbica no trem, decide deixar. Não pode tolerar as "trancas sobre os dentes," se sente só, ninguém a leva em consideração.

O grupo passa a examinar a exigência de amadurecer, expressa sob a forma de "endurecer a pele" ou "fortalecer a coluna vertebral".

Para a tentativa de desagregação contribuíram alguns episódios externos aos limites do grupo. O grupo é mal tolerado no exterior; são criados vários obstáculos, entre os quais, a necessidade de usar a sala de reabilitação naquele horário. Destrutividade que agrava o sentimento de desvalorização e frustração do terapeuta.

Neste ponto decido transferir o grupo da sala para o ambulatório.

O episódio age como evento ativador para a emergência de alguns conteúdos do nível primordial de comunicação (ver os quatro níveis de comunicação grupal de Foulkes), como o inconsciente coletivo, com certos ritos de iniciação, e o mito do herói, semideus, divindade que abre um caminho, acende uma luz para que todos o sigam (Usandivaras R., 1986a, b).

Sessão de 13-10-1987

A senhora A. referindo-se à mudança, antes ameaçadora, se refaz simbolicamente sob o rito das Bacantes e de Orfeu que, depois de se apoderar de um segredo, usa a magia para dar a vida e a morte de modo ingênuo, e é punido com a morte por havê-lo revelado. É decapitado, mas a cabeça jogada num rio continua a cantar. Avisa o coordenador para estar atento e não ter o mesmo fim (admoestação em relação à minha proposta de introduzir médicos preferivelmente homens no grupo). "Pensamos que se os médicos vierem devemos estar atentos às coisas que dizemos".

A senhora C. se sente, por outro lado, Ariadne abandonada em Naxos, sozinha em meio às Bacantes, depois de ter dado o fio a Teseu e tê-lo tirado do labirinto. Uma mulher abandonada depois que deu tudo para o seu homem que sai triunfante da luta com o Minotauro.

Para a senhora A., a figura do herói é sempre um pouco "cagalhona". "Teseu volta à casa para esposar uma outra mulher; Jasão, a mesma coisa, larga a mulher porque já não lhe serve". Cada vez mais desenha-se um evidente conflito entre mulheres (terapeutas) e homens (médicos) sobre quem é mais onipotente. A senhora A. espera uma "ratificação oficial" de pessoa que "sabe fazer-se de sábia". Está convencida de "ser onipotente".

É discutido se uma mulher chefe pode assumir algo de masculino. Para a senhora E., neste caso, as médicas se parecem muito com os homens. Para a senhora A. "uma mulher com poder mágico permanece sempre uma mulher...", "o homem não tem a magia na técnica...", "no nosso trabalho é útil uma grande dose de magia, é uma relação, um contrato que é puramente feminino..." e continua: "estou à procura da minha feminilidade... creio que por alguns anos fiz de conta que era homem... nestes últimos anos descobri ser muito mais feminina do que poderia pensar... procurava me identificar com o homem que tem o poder... esta minha feminilidade existe e deve ser mostrada. Creio que cheguei ao ponto ideal... de ter redescoberto a minha magia. Não sinto mais a necessidade do poder do médico representado pelo ato de dar remédios..."

Sessão de 20-10-1987

É a sessão centrada sobre o mito de Jasão e os Argonautas.

Jasão se serve da magia de Medéia (virilizante) para conquistar o velocino (pele de carneiro com lã) de ouro. Trai Medéia e é punido do mesmo modo que Orfeu.

Jasão é o coordenador do grupo. O velocino de ouro que deve conquistar é o amadurecimento, a individuação. A conquista do velocino de ouro é também, simbolicamente, uma viagem de iniciação que conduz à genitalidade adulta. Subentende-se que para o homem (médico) a magia é conferida pela mulher, mas deve estar atento para não usá-la de modo ingênuo.

A senhora C. se refaz da primeira sessão. Diz que a intervenção do médico, espécie de cirurgião, é sádica e destruidora, enquanto a reabilitação é algo de construtivo. O primeiro é o modelo masculino, o segundo é o feminino.

Discute-se sobre a oportunidade do encontro entre as duas partes com fins criativos, como por exemplo, para a reabilitação de um paciente ou para o nascimento de uma criança. É lembrado o *Banquete* de Platão no qual o conhecimento nasce do encontro entre docente e discente.

O processo grupal continua alternando mudanças maduras e regressivas.

Sessão de 27-10-1987

A senhora E. refere sua experiência no tratamento domiciliar de um hemiplégico. Sofreu a invasão hiperprotetora dos familiares, como pais muito zelosos, nos seus confrontos.

O grupo analisa a situação e sugere que se mantenha distância.

Sessão de 17-11-1987

A frustração de se sentir desvalorizada, relegada ao papel de ginasta ou telefonista, é vivida sem reações emocionais particulares e com uma certa serenidade na adaptação às situações impostas pelas circunstâncias externas. O grupo, porém, se fecha no ponto em que é lícito aceitar a ferida narcísica e quando se passa ao masoquismo.

Sessão de 24-11-1987

A senhorita F. refere que, confrontando-se com o início do Balint, adquiriu muita segurança e que se sente muito gratificada.

Muitos pacientes retornam e desenvolvem atividade reeducativa. Mímica facial, exercícios de respiração, fonação até o baile com música. São aceitos os limites da intervenção "com a consciência de que para a doença de Parkinson não existe cura, mas muito se pode fazer".

Para a senhora C. "os pacientes com lesões cerebrais compreendem que poderiam ter morrido e a eles basta aquele meio corpo parético... por que esforçar-se tanto para recuperar a outra mão? Contentemo-nos com o que existe."

Em dezembro retornam sentimentos de pessimismo e desconfiança. Dos seis terapeutas remanescentes, três ou quatro em média participam de todas as sessões, mesmo com atraso de meia hora ou mais. Reemergem temas de impotência e isolamento.

Sessão de 15-12-1987

A senhora E. está desiludida com a profissão. O trabalho é frustrante, com poucos resultados, modesto, desconhecido. O inválido volta a refletir as partes mortas de si.

O grupo se debate entre a exigência de perpetuar a infância até o infinito e ter um modelo maduro de introjeção.

Em janeiro de 1988 decido introduzir os médicos no grupo, um pouco em razão das dinâmicas emergentes, um pouco por pedido de parte dos próprios médicos. Depois das férias apenas quatro terapeutas voltaram.

Com o ingresso dos médicos o tema não muda. Invoca-se de fato a presença de um chefe que permita trabalhar com serenidade. "Os chefes são só de nome e não têm as capacidades". As tendências oscilam entre a exigência infantil ambivalente de uma figura onipotente que alivie a responsabilidade e aquela mais madura do *primus inter pares*.

Põe-se em discussão a hierarquia que obstaculiza o trabalho; "as pessoas de valor assumem papéis obscuros", "o posto nos leva a ser muito competitivos", "o chefe destrói a imagem que construímos com o paciente" etc.

Para o dr. X., a frustração assim difusa depende do redimensionamento do sentido de onipotência que tem cada um de nós.

Sessão de 2-2-1988

Conflito entre terapeutas e médicos.

A senhora A. briga com os médicos que não identificaram um afásico recuperável, diagnosticando-o como irrecuperável. Tem raiva, sente frustrado seu sentimento de onipotência na relação com o doente irrecuperável.

Dra. Z.: "A doença é algo que você encontra todos os dias, mas que serve para demonstrar, de algum modo, a sua onipotência".

Comenta-se que a neurologia é apenas diagnóstico e que para atingi-lo é necessário um grande conhecimento de anatomia. "No fim, porém, ficava satisfeito, tinha um grande contentamento". Em vez disso, aqui estamos numa área em que é mais fácil a gratificação, por exemplo, a cirurgia, os transplantes de órgãos etc... "para ser um neurologista deve-se engolir a própria impotência".

Propõe-se novamente a projeção sobre o paciente da própria impotência e a raiva pela frustração.

"A única coisa que se pode fazer é procurar uma certa relação com o paciente".

O grupo elabora o tema da relação médico-paciente e da regressão do paciente ao estado infantil, com a expectativa de que o médico possa curá-lo magicamente, assim como esperava dos pais na infância.

Senhora A.: "o doente procura nutrir-se do terapeuta por alguns aspectos e do psicoterapeuta por outros... precisa encontrar um equilíbrio de alimentação recíproca como na relação mãe-filho".

Sessão de 9-2-1988

Dr. T. fala da frustração da sua onipotência por não ter sido aceito na Escola de Especialização, apesar de ter elaborado uma tese que foi levada a um congresso mundial de neurologia.

O grupo diferencia as frustrações gratuitas e destrutivas, daquelas construtivas.

A senhora C. fala da frustração dos filhos. Prefere claramente o filho homem à filha mulher.

Discute-se entre a senhora A. e o dr. T. se é mais importante a "tecnicidade" do homem (médico) ou a "magia" da mulher (fisioterapeuta). Para a dra. Z. a aproximação em direção ao paciente deve ser humanitária (materna).

A onipotência está ligada à relação mãe-criança, depende muito da expectativa dos pais. Discute-se a oportunidade de usá-la apropriadamente na relação com o doente.

Sessão de 16-2-1988

Fala-se de novo de frustrações maturativas e traumatizantes. São projetadas as partes frustradas e sofredoras sobre o paciente, e procura-se a onipotência para ressuscitar-lhe ou destruir-lhe definitivamente, como conseqüência da identificação com uma autoridade sadiamente frustrante ou destrutiva. Destrutiva enquanto apenas narcisicamente centrada, sem troca.

Sessão de 23-2-1988

Dr. Y. segue uma paciente que tentou o suicídio e pela qual se jacta. Projeta sobre ela uma figura materna com relativo sentimento de culpa, e num outro nível a própria autodestrutividade em relação à qual vai em socorro.

Sessão de 8-3-1988

O tema é o sadismo da vivisecção, a destruição ecológica, a droga etc.

Dr. X. fala de sua primeira experiência com um paciente em coma, pelo qual lutou, não querendo se render à idéia da morte. A senhorita F. associa sua frustração porque por parte dos doentes de Parkinson não se sentiu aprovada. A dra. Z. associa sua experiência com uma esquizofrênica bloqueada pela mãe invasiva e agressiva. São projetadas no Parkinson as partes bloqueadas. A senhorita F. põe-se numa posição de mãe que tenta reabilitar as partes bloqueadas de si, mas ao mesmo tempo vê no paciente uma mãe frustrante de si menina. É ambivalência entre a recusa da hiperproteção bloqueadora e o desejo nostálgico de voltar ao bloco narcísico hiperprotetor.

A *sessão* que precede as férias pascais é praticamente a última.

A dra. Z. lamenta que tem pouco tempo para ser o médico, e muito para fazer tantas outras coisas: fotocópias, escrever a máquina etc. Falta-lhe "o lado humano" da relação com o paciente e o trabalho clínico que faz com cefalálgicos e dementes é, por outro lado, frustrante.

Procura alguém em quem se apoiar e, em vez disso, é ela que deve manter os outros.

A senhora A. afirma que precisa "reforçar a espinha dorsal", "é inútil que aqui tenha alguém que lhe dê indicações".

A dra. Z. tem sonhos gratificantes e frustrantes. Em um deles está só num lugar onde há muito verde, árvores e água. Tem um edifício estranhíssimo feito de escadas que saem e descem: "começo a sair e descer, fico muito tensa!"

Em outro sonho se encontra e se sente imersa na cor e ela mesma se torna cor. Tem uma sensação de bem-estar "como se flutuasse na cor".

Num terceiro sonho, ao contrário, não viveu uma boa sensação. "Sou ao mesmo tempo eu mesma adulta e o meu sobrinho no carrinho de bebê... é uma coisa que me faz ficar furiosa mesmo no sonho... recordo que estou na porta da casa dos meus e não arrisco a entrar".

O grupo interpreta os sonhos como desejo de regressão uterina estimulada pela relação com os pacientes. São feitas reflexões sobre o desejo de regressão uterina, mas também sobre a periculosidade do mar no qual se pode afogar... Num nível muito profundo a cura do paciente representa o desejo e, ao mesmo tempo, o medo da fusão com a mãe, nas suas duas visões opostas: benévola e homicida.

O grupo se reduziu sucessivamente por perda de motivação e resistência a um substancial redimensionamento de instâncias narcísicas, principalmente da parte dos médicos. Contribuíram, de qualquer modo, para o fim da experiência, alguns aspectos estruturais, como por exemplo, o conhecimento recíproco, o trabalhar constantemente juntos etc. O conjunto dos mais assíduos, que adquiriram um discreto *insight* das próprias interferências emocionais na relação com o paciente, tornaram-se um pouco mais amadurecidos.

Neuroses e Cultura de Grupo na Itália Meridional*

"A cultura é a mente do grupo" (Pat de Maré)

No VII Simpósio Europeu de Grupoanálise (Oxford, setembro 1987), conclui meu trabalho "Os processos transpessoais e o *Self*" dizendo que: "Os costumes, os ritos e as tradições populares se baseiam em alguns temas principais, como os da fertilidade e da impotência, nos quais se fundam ou se sobrepõem os mágico-onipotentes de facilitação, de maldição e de exorcismo. A figura dominante nos ritos, nas cerimônias religiosas e nas imagens iconográficas é a mãe, freqüentemente sentida como onipotente e hiperprotetora" e que ... "podemos falar de um '*Self* hipocondríaco', expressão clínica de uma matriz grupal, cujo principal aspecto cultural é uma profunda dependência da figura materna".

Estas conclusões são resultado de um trabalho meu efetuado com aproximadamente mil pacientes originários da Itália centro-meridional, parte do país que considero como matriz de um verdadeiro e próprio Grupo Grande. A seguir relato as partes mais importantes desse trabalho (Pisani, R. A., 1987b, 1990).

---

* Extraído do trabalho para o VIII Simpósio em Análise de Grupo, Oxford, 1990, (Neuroses and group culture in Sourthern Italy) publicado em *Group Analysis* 26 (3), 239-249, 1993.

Na cultura italiana do centro-sul é muito difundido o tema da fertilidade, sobre o qual se baseiam numerosos ritos. Nestes, além dos temores ligados à insegurança em relação à potência reprodutora dos indivíduos e da natureza circunstante, é manifestada a esperança de aumentar esta capacidade reprodutiva por meio de cerimoniais propiciadores.

Nas sociedades rurais, onde a agricultura é o principal sustento vital do homem, os instrumentos do trabalho agrícola atingem significados simbólico-procriativos, e a terra assume a prerrogativa de figura materna.

Muitos dos cerimoniais propiciadores são celebrados nos campos e evocam a gestualidade e o simbolismo do ato de fecundação... Cerimoniais e ritos de significado auto-agressivo e muitas tradições que se aproximam do masoquismo são freqüentes, justificados pela expiação a presumidos infortúnios. Num ambiente dominado por problemas econômicos e no qual todo evento é visto como maldição e vingança de um ser superior dotado de poderes sobre-humanos, existem muitas formas de culto e peregrinação com significado expiatório de súplica por eventos desfavoráveis.

Na Calábria, por exemplo, a peregrinação tem um típico valor de rito expiatório. Os peregrinos transportam, sobre os ombros, grandes pedras para tornar seu caminho mais pesado, ou têm uma corda atada do pescoço à cintura; mulheres descalças flagelam-se nas pernas com urtiga em punição contra faltas presumidas (Lombardi Satriani, L., 1971).

Frente ao seu sentimento de impotência, considerado efeito de uma punição, os camponeses da Itália centro-meridional assumem, muitas vezes, uma atitude de resignação fatalística ou recorrem a cerimoniais mágicos de propiciação e esconjuro. A magia e a superstição representam um dos mais importantes aspectos da cultura centro-meridional, sobretudo entre as populações menos desenvolvidas. Assim, repetir fórmulas mágicas, cumprir gestos rituais, colocar um objeto (como chave, ferradura, chifre, enxada etc.) atrás da porta ou embaixo da cama, exprimem o desejo inconsciente de condicionar os eventos e de exorcizar os perigos para si mesmos, para as outras pessoas ou os escolhidos.

Em Nápoles, a causa dos desastres que afligem o homem é compreendida como perseguição: o mau-olhado, a desgraça, o exorcismo e a pregação assumem um papel fundamental na vida cotidiana.

Em toda Itália meridional a doença está magicamente inscrita como fruto de mau-olhado, "trabalho" etc. O "trabalho", mais violento e destrutivo que o mau-olhado, é considerado fruto da "magia negra". Muitos casos de "trabalhos" são descritos. Têm substancialmente a mesma sintomatologia da depressão com sinais de palidez, dores na barriga, debilidade e pessimismo, e em geral conta mais o curandeiro que o médico. A figura do feiticeiro vem identificada na pessoa do tabelião, do advogado ou do médico (De Martino, E., 1959).

Na região de Matese encontram-se costumes baseados na magia e nos feiticeiros, capazes de condicionar o comportamento humano. Algumas zonas da Campânia, como a Irpínia e o Sâmnio (províncias de Avellino e Benevento), segundo algumas lendas, seriam habitadas por bruxas descritas como figuras femininas indeterminadas, metade animais e metade humanas (Lombardi Satriani, L., 1971). As bruxas são amantes do diabo, maléficas, infanticidas e assassinas. São as "feiticeiras", fornecedoras de filtros de amor, capazes de satisfazer os mais impossíveis desejos e de colocar em ação vinganças contra os inimigos (Foglia, S., 1989). Numa localidade junto a Benevento, ocorre o Sabba, que é a reunião das bruxas, durante a qual estas se abandonam a danças frenéticas e banqueteiam com crianças, gatos, mortos etc. No dialeto beneventano as bruxas são chamadas "janare" e são responsáveis pelas deformidades nas crianças que elas tocarem.

A bruxaria tem uma estrutura matriarcal; herda-se de mãe para filha por meio de cultos de iniciação. Várias personagens mitológicas são precursoras das bruxas atuais, como a maga Circe, belíssima sedutora, mas também pérfida, que enfeitiça os homens para destruí-los. Circe representa as duas faces da magia: a perversa e a benéfica.

Em muitas regiões da Basilicata, a "fascinação" é o tema dominante que há muito permanece. Trata-se de um estado de condicionamento físico e psíquico por obra de forças externas. A "fascinação" penetra em todos os aspectos da vida social. Especialmente no passado, a mulher apelava com maior freqüência a este meio. Cada parte do corpo tinha um valor fascinatório: acreditava-se que os pêlos do púbis e o sangue menstrual fossem capazes de condicionar a atividade sexual masculina. Em Albano, região da Basilicata, acreditava-se, até há alguns anos, que as noites fossem perturbadas por estranhos personagens, as "maciare", personagens femininas que se divertiam em incomodar e amarrar os que dormiam. A ligação representa a imagem simbólica do estado psíquico de dominação (De Martino, E., 1959).

Um típico rito exorcístico se praticava na Sardenha há alguns anos: o ritual da "argia", uma pequena aranha negra de sexo feminino (recordar que, segundo Jung, a aranha é uma representação arquetípica da mãe terrível que devora os filhos). O ferido é quase sempre o macho. As argias vêm de um outro lugar e são consideradas almas cativas condenadas, que transferem a própria pena para a pessoa picada. Quem em parte é possuído pela argia, dança e personifica ritualmente a própria argia particular, com a sua vicissitude pessoal: a argia criança, a casadoira, a noiva, a esposa, a parturiente, a viúva. O ritual da argia tem a finalidade de individualizar o tipo de argia que alguém possui, e depois aplacá-la seguindo os pedidos. O cerimonial exorcístico é cumprido pelo grupo exorcista que faz encarnar no indivíduo picado o tipo particular de argia: dor de parto para a argia grávida, movimentos eróticos para a argia noiva, comportamento fúnebre para a viúva (Gallini, C., 1967).

As personagens maléficas femininas, as "bruxas", em todo o meridião, são nitidamente prevalentes em relação às masculinas, que encarnam mais a figura do "curandeiro" do que a do "diabo".

Destaque particular é dado, em toda Itália centro-meridional, ao profundo vínculo e à dependência da figura materna. As cerimônias religiosas são centradas principalmente no culto da Madona que, como E. Jones (1951) aponta, é vista sempre como mãe.

A mãe é a figura dominante no âmbito do costume das cerimônias e das imagens iconográficas, freqüentemente sentida como mãe "arcaica", vista pelo menino como onipotente e hiperprotetora, mas também malvada e devoradora.

Na Sardenha, como refere D. Fernandez (1965), o sardo refuta desde o nascimento a dependência da mãe e tenta fugir do amor sufocante materno, que por outro lado é pouco concedido. A mãe sarda assume um aspecto viril, distante, pronta a medir-se com o homem. Uma imagem que exprime muito bem este tipo de mãe é oferecida por uma escultura com formas bissexuais, que remonta à proto-história, e faz parte do acervo do Museu Arqueológico de Cagliari: a "Mãe Mediterrânea".

Na Campânia é designada à mulher a tarefa de sacerdotisa. A ela cabe a tarefa de interceder junto aos santos e à Madona. No Santuário da Madona dell'Arco, na Campânia, a Madona tem fama de vingadora. As pessoas todo ano para lá se dirigem em peregrinação, batendo no peito, descalças e sangrando.

Na Itália meridional a família tem, exteriormente, uma estrutura patriarcal. O marido busca na mulher a mãe e a amante, enquanto esta procura no marido o pai e o protetor seu e dos filhos. Os homens se divertem em enganar a esposa-mãe com amantes ocasionais, quase revivendo as velhas ofensas feitas à verdadeira mãe (Fernandez, D., 1965).

Em Basilicata a mulher representa o bode expiatório e derrama suas tensões nos rituais mágicos, tornando-se ao mesmo tempo marginalizada e artífice de sua marginalização (De Martino, E., 1959).

Na Sicília as mulheres geralmente têm um aspecto obeso. A obesidade permite à mulher "não se sentir mais só". O marido aceita a obesidade, tanto que, se tivesse uma mulher magra, observaria uma sensação de privação e de perda de algo caro (Fernandez, D., 1965).

Podemos dizer que o que descrevemos corresponde à matriz de base do "Grupo Grande" da Itália meridional.

Nos grupos analíticos, segundo Foulkes, podem ser distinguidos quatro níveis de comunicação complementares e em contínua interação. Nos valemos destes níveis para a análise da matriz de base da Itália meridional.

1) *Nível de realidade:* é o nível da realidade socioeconômica externa. Uma longa tradição econômica baseada na agricultura e no poder absoluto familiar. Tradição que é agora parcialmente modificada pela emigração, a urbanização, as tentativas de industrialização etc.; fatores estes que, entre outros, podem ser vistos como desestabilizantes e de crise, pela perda do sustento e da proteção familiar.

2) *Nível de transferência:* é o nível das relações objetais maduras. Grupo = família com pai, mãe, filhos etc. É este o nível das problemáticas edipianas com relativos sentimentos de culpa e angústia de castração, expressos pelos usos, costumes e ritos propiciadores de fecundação e reprodução por um lado, e punitivos e expiatórios por outro.

3) *Nível projetivo:* no qual agem mecanismos de negação, cisão, projeção, identificação projetiva e introjetiva.

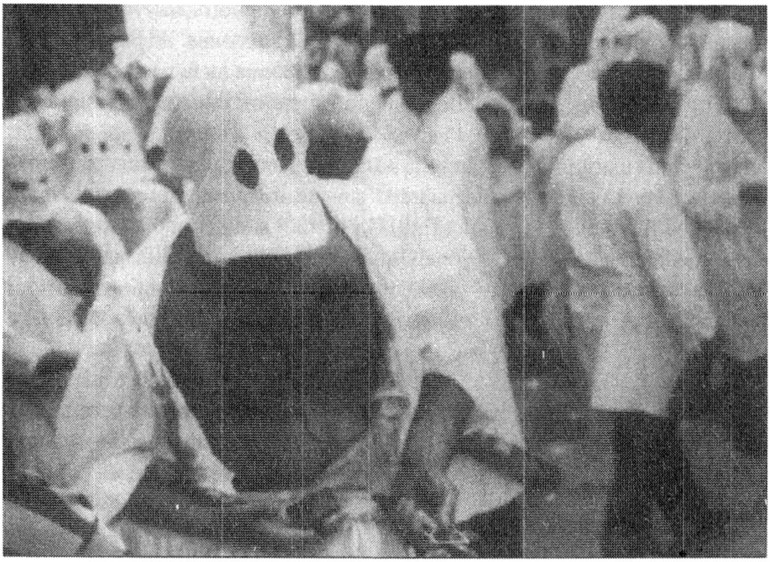

É este mais propriamente o nível da suspeita e desconfiança na matriz. Corresponde às relações mais primitivas mágico-narcísicas com objetos parciais. Partes orais e anais agressivo-destrutivas são projetadas e introjetadas com aspectos mágicos e angústia de separação.

M. Klein individualiza na dependência do recém-nascido em relação à mãe onipotente, a causa da inveja constitucionalmente presente em todo ser humano. Avidez, ciúme e competitividade são os corolários da inveja, contra a qual entram em jogo mecanismos defensivos primordiais como angústias persecutórias, culpa e depressão.

O termo inveja vem do latim *invidere*: olhar com suspeita, malignamente e com ódio, isto é, jogar mau-olhado.

Estes mecanismos são recíprocos e multipessoais. Todos os ritos e cerimoniais baseados em mau-olhado, quebranto, trabalho, fascinação etc. parecem ser expressão da projeção da inveja destrutiva, assim como aqueles de súplica, exorcismo etc. da tentativa de se defender magicamente dela.

Num nível oral os cerimoniais expiatórios pareceriam expressões do sentimento de culpa ligado à destrutividade invejosa.

4) *Nível primordial:* é o nível do inconsciente coletivo e dos arquétipos, recentemente aprofundado e desenvolvido por Raul Usandivaras (1986a, b).

No nível mais profundo da matriz da Itália meridional, o arquétipo da Grande Mãe primordial tem um papel de primeiro plano.

A Grande Mãe aparece na sua versão positiva como a mãe boa que alimenta, a Virgem Maria, a boa Mãe Terra que nutre, a Mãe Pátria etc. Na versão negativa é a Terra madrasta, árida, avara, e devoradora, é o mar que devora os marinheiros, as bruxas que matam as crianças, a aranha que tece a teia para capturar e devorar etc.

A relação mãe-filho na Itália meridional é baseada na doação da mãe ao filho que alimenta, aquece e protege, e na devoção do filho para com a mãe. Trata-se de um vínculo ambivalente e potencialmente destrutivo: amor e devoção pela doação de alimento, e ódio pela dependência. Por um lado o trabalho, a doença e a morte são fenômenos exclusivos se o filho permanece pequeno e se refugia no seio materno, por outro a rebelião contra a violência é punida e a cólera materna se difunde magicamente sobre todos os objetos que se mostram terrificantes e malvados. O menino é obrigado a refugiar-se de novo, assustado, no seio da mãe bruxa. O retorno à Grande Mãe não é mais percebido como participação mística e nutrição, mas se transforma em sensação de ser devorado (Neumann, E., 1956).

O arquétipo do Grande Pai positivo, o herói que ajuda separado da mãe, freqüentemente está em segundo plano ou ausente, ou nitidamente dominado pelo aspecto negativo, diabólico e destrutivo que limita e impede a expressão das possibilidades individuais.

A maior parte dos ritos de exorcismo e de esconjuro parecem dirigidos à proteção dos danos provocados principalmente por personagens maléficos, em geral do sexo feminino: bruxas, feiticeiras e magas. Quiçá seja muito significativo que estes ritos exorcísticos sejam desenvolvidos prevalentemente por homens: magos, padres, curandeiros etc., como também os amuletos para proteger-se do trabalho, do mau-olhado etc. sejam objetos com simbolismo fálico tais como chaves, pregos, chifres, dentes, ferraduras etc. ou mesmo personagens como o anão, o gnomo, Pulcinella etc. Para tal propósito também são usadas substâncias que simbolizam o esperma, como o sal, ou se tocam os testículos com finalidade de lançar o mau-olhado.

Em Ispani, na província de Salerno, M. A. Ferrante (1993) conduziu uma pesquisa na qual constatou que, "o pároco de 93 anos, magérrimo, se nutre de uma certa quantidade de álcool e de poucos restos. É inimigo das mulheres a ponto de separar num armário, por transposição, a bela Madona da igreja paroquial, para dar espaço à estátua de São Roque, de cuja benevolência taumatúrgica todo habitante de Ispani depende".

Casuística

A casuística considera um grupo de pacientes reunidos espontaneamente para controle médico, ligados ao Serviço Ambulatorial Neuropsiquiátrico do Departamento de Ciências Neurológicas da Universidade de Roma "La Sapienza", de 1975 a 1990.

O grupo é composto por 865 pacientes, cujos genitores são originários da Itália meridional.

Os pacientes têm idade média entre 35 e 40 anos.

Destes, 313 (36%) são do sexo masculino e 552 (64%) do sexo feminino.

Cerca de metade do grupo (45,5%) freqüentou apenas a escola elementar, 20,5% freqüentou até a escola média inferior, 20% até a média superior e 13,5% tem nível universitário.

A maior parte dos pacientes é casada (74%).

A atividade laborativa desenvolvida pelos homens é principalmente de funcionário (26%) ou de operário (19,5%), enquanto as mulheres são em prevalência (37%) do lar.

A proveniência geográfica é a seguinte:

Calábria	270 pacientes	(31%)
Campânia	232 pacientes	(27%)
Sicília	169 pacientes	(19,5%)
Puglia	144 pacientes	(16,5%)
Basilicata	50 pacientes	(6%)

A manifestação neurótica observada mais freqüentemente em todas as regiões examinadas é a hipocondria sob a forma de somatizações (vertigens, taquicardia, dificuldade respiratória, opressão precordial, tremores, astenia, exauribilidade psicofísica, distúrbios gastrointestinais, dificuldades sexuais etc.), vividas com as clássicas características de alarme patofóbico (fobia do câncer, do infarto cardíaco, do íctus cerebral e da morte).

As outras síndromes neuróticas, como a histeria e a síndrome obsessiva, são verificadas em porcentual mínimo. Estes dados estão resumidos na Tabela 1.

Em 195 destes pacientes – 139 mulheres e 56 homens; com idade média de 38 anos; 62 deles provenientes da Campânia, 31 de Puglia, 72 da Calábria e 30 da Sicília –, foi aplicada a forma reduzida do MMPI.

O mesmo teste foi aplicado a 687 indivíduos de controle, sendo 184 mulheres e 503 homens, idade média de 25 anos, prevalentemente não casados e com nível escolar médio superior, não afetados por distúrbios psicopatológicos e empregados na administração pública.

O perfil dos sujeitos normais mostra a prevalência das escalas neuróticas, e em muitos aspectos parece sobrepor-se ao perfil dos indivíduos clínicos: prevalência das escalas histeria e hipocondria, com exceção dos indivíduos provenientes da Calábria nos quais é importante a escala da depressão, dentro deste perfil neurótico. Este resultado foi verificado com a aplicação de um teste não paramétrico, o teste de concordância de Kendall, que resultou muito significativo: p = 0,0126, o que confirmou o decurso basicamente paralelo dos dois perfis.

Figura 1 – *Indivíduos provenientes da região sul: confronto entre casos clínicos e de controle pela escala MMPI.*

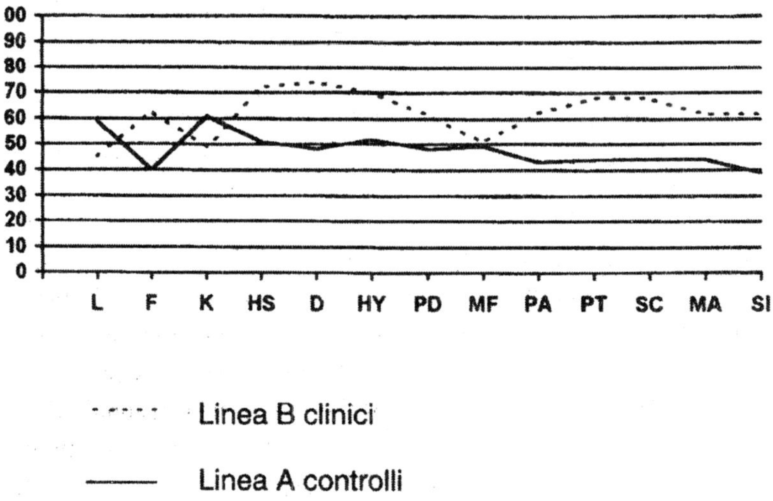

Tabela 1 – *Pacientes divididos por diagnóstico e origem.*

	Calábria 270 pacientes	**Campânia 232 pacientes**	**Sicília 169 pacientes**	**Puglia 144 pacientes**	**Basilicata 50 pacientes**	**Total**
Hipocondríacos						
Obsessivos						
Histéricos						
Outros						

Conclusões

Como difundido nesta comunidade camponesa, o alarme hipocondríaco expresso sob a forma de um exagerado medo das doenças e da morte, no âmbito analítico pode ser visto como a manifestação de um sentimento de culpa comum e inconsciente, e do medo da punição sob a forma de impotência e esterilidade.

Os usos e costumes são, portanto, o produto do desejo de liberar o homem do sentimento de culpa, do perigo da punição e da desgraça, e de reconstituir o dom natural da potência e fertilidade (Jones, E., 1951).

Num nível mais profundo, e estritamente ligado com o precedente, o alarme hipocondríaco pode ser correlato à dependência da figura materna.

A dependência da mãe, profundamente radicada na cultura da Itália meridional, exprime dois aspectos: o medo da separação e da perda, e o medo da fusão devoradora. A angústia de separação é percebida como pânico e fragmentação, a angústia fusional como assimilação e aniquilação. É sem dúvida significativo que muitos hábitos típicos da Itália meridional, capazes de sedar a angústia de separação, como manter o contato com a casa, a vizinhança, a região, o local de origem, os objetos etc., ao mesmo tempo estão em condições de colocar em funcionamento angústias fusionais de aniquilamento. A ligação profunda e ancestral arcaica com a mãe, significa submissão e ódio nos seus confrontos porque impede a separação. A angústia fusional ocupa-se com o aspecto negativo e agressivo do Arquétipo da Grande Mãe, que neste sentido se exprime sob a forma de bruxa que devora as crianças. É sublinhado neste ponto que as circunstâncias que favorecem a emergência do aspecto negativo da mãe, são os fatores socioculturais caracterizados por contínuos reclamos, "sugação", sobrecarga de todo peso sobre a mulher, o atirar em cima dela toda forma de agressividade etc. A predação, mesmo sem correspondente, determina a irritação da mãe que, cansada, se mostra mais facilmente no seu aspecto maléfico.

Estas características da matriz de base da Itália meridional são, na minha opinião, a base dos distúrbios hipocondríacos assim difusos.

Isolamento Narcísico e Mudança no Grupo Analítico Intermediário*

O grupo intermediário de terapia foi iniciado em abril de 1991 com 12 membros, no ambulatório neuropsiquiátrico do Departamento de Ciências Neurológicas da Universidade de Roma "La Sapienza". Sucessivamente foi aumentando até a média de 20 pacientes.

É um grupo semi-aberto. A idade média dos participantes está compreendida entre 20 e 40 anos, e o nível de instrução varia da escola elementar à formação universitária.

O grupo é socialmente heterogêneo: inclui operários, enfermeiros, estudantes, empregados, donas de casa, profissionais liberais e, portanto, é muito próximo ao contexto social. A maioria, todavia, é composta por estudantes e graduados.

A seleção dos pacientes não é feita de acordo com os distúrbios psicopatológicos, mas pela capacidade mínima de compreender o significado dos sintomas e a motivação para a terapia.

A maioria tem distúrbios neuróticos (ansiedade, depressão, alarme hipocondríaco, fobias, idéias obsessivas etc.) ou psicossomáticos

* Extraído do artigo "Narcissistic isolation and change in the Median Group". *Group Analysis* 28, 261-74, 1995.

(hemicrania, anorexia, alopecia, psoríase etc.). Alguns têm distúrbios sexuais: ereção parcial, ejaculação precoce, frigidez, anorgasmia, dispareunia. Outros são borderlines. Um é homossexual.

A freqüência das sessões é de uma por semana, com duração de uma hora e meia. Foi combinado com cada paciente que a duração máxima da terapia no grupo intermediário seria de quatro anos. O terapeuta é R. Pisani.

O grupo tem em média dois psicólogos ou médicos como observadores que têm a tarefa de registrar e fazer um relatório da sessão. As cadeiras são arrumadas em fila única, como num anfiteatro.

A sessão é precedida por uma reunião do *staff* (para retomar a sessão precedente e comentar os aspectos mais importantes), seguida por outra reunião (para comentar as observações feitas durante a sessão).

A seguir são retomadas algumas sessões muito significativas em relação ao seu conteúdo, de modo a ilustrar o processo em direção à mudança e à individuação.

Sessão de 13-5-1992

Participantes 19: 10 mulheres e 9 homens.

Na sessão, R. representa dramaticamente o isolamento narcísico e a angústia de separação da mãe.

R. teve que aumentar a dose de medicação depois que sua garota o deixou. Ela o acusa de não saber dar nada, de ser avarento e gordo. R. precisa comer sempre e não está em condições de fazer dieta.

Mt. e Fe. intervêm sobre o tema do dinheiro. R. diz que tem necessidade de acumular dinheiro e que jamais deve gastar uma lira. D. faz-lhe notar que ele quer permanecer no seu mal-estar e isolamento, e que afasta as pessoas que querem fazê-lo mudar. Até no restaurante R. deixa que as mulheres paguem a conta, sentindo-se assim mais protegido; se ele pagasse, se sentiria esvaziado.

Para L. acumular dinheiro dá segurança para o futuro.

Quando criança, R. acumulava moedas num cofre cheio de álcool, porque sua mãe dizia que o dinheiro é sujo. A. pergunta: que coisa é suja para ele; R. responde: o sexo. L. lhe pergunta se é constipado e R. responde que alterna prisão de ventre e diarréia.

G.: "Aqueles que são constipados são avarentos!"

R. escolhe até as prostitutas, com as quais vai freqüentemente, entre aquelas mais baratas ou entre as que lhe fazem desconto...!

G., Dr. e Mr. estão interessados no argumento do sexo ligado ao sujo. R. tem medo da Aids e de morrer por causa do sexo. E. pergunta se sua mãe lhe deu pouco ou muito, se sua mãe o restringiu; R. responde que ela lhe deu tanto a ponto de sufocá-lo, mas recorda momentos traumáticos de abandono, como quando o deixava só aos 4 anos. Até a idade de 15 anos não saiu de casa para brincar com os outros meninos; sua mãe não permitia porque considerava os outros perigosos.

A. pergunta sobre os outros homens da família: seu pai é um neurótico obsessivo, seu irmão um psicótico, muito agressivo com o pai.

E. diz-lhe que tem muito medo das relações com os outros; até no grupo não se sente em condições de se socializar. De fato, R. confirma que preferia a terapia individual (esteve dez anos em análise individual) e que só se uniu ao grupo buscando algo para superar uma dificuldade. Tem medo das críticas, de não ser ouvido e de não ter espaço suficiente para si mesmo.

R. só pensava em suicídio, permaneceu bloqueado e não quer mudar. Quando tentou trabalhar se sentiu perseguido, um escárnio para os outros. Mesmo na escola era um solitário. Atualmente, sujeitou-se a fazer um trabalho doméstico sob as ordens do pai, come continuamente e bebe vinho. Tolera todos os insultos que o pai lhe atira porque, depois da morte da mãe, tem medo de perdê-lo também.

O grupo toma parte ativa no diálogo. Na. o encoraja, o vê como um fóssil, solicita-lhe que se ajude sozinho. Deve deixar de acumular afeto com o alimento.

R. confirma que precisa encher-se de comida porque, de outro modo, corre o risco de ficar sem comida depois.

Até Cr. está em dieta, o que freqüentemente falha.

A sessão termina com Na. falando do seu desgosto pelo sexo, seguindo-se uma discussão (S., Gs. e D. referem-no ao incesto).

Sessão de 20-5-1992

Participantes 18: 8 mulheres e 10 homens.

O tema é o renascimento, a mudança e o conflito entre homens e mulheres. Aparece o arquétipo positivo do Grande Pai.

E. sonhou que sua mãe morreu. De repente, a cena muda e E. se encontra num teatro onde se faz psicoterapia com Pisani, gordo, um pai guia, mas ao mesmo tempo bom. Ele convida E. a segui-lo para mostrar-lhe um caminho mais curto para sair do teatro. Para sair deve atravessar um túnel. Pisani-Pavarotti, embora seja gordo, passa facilmente, enquanto E. não consegue. Sabe que não adianta pedir ajuda, Pisani não a daria porque, neste ponto, "deve sair sozinho". Por um lado o admira, por outro o odeia por não ajudá-lo a sair.

Fe. acentua que E. tem uma ligação muito forte com a mãe e que está tentando cortar o cordão umbilical.

E. confirma que a mãe o coloca no lugar do marido. Também Fr. é muito ligado à mãe. Mr. afirma que é necessário criar um espaço próprio. Fe. gostaria de ter uma relação clara com a mulher, mas se choca contra um muro.

An. tentou diversas vezes convidar um cirurgião cardíaco que lhe agrada para sair com ela, mas este sempre recusou. Outro dia, aceitou. Ela se vestiu de maneira bem sensual, ele a convidou para sua casa, mas quando lhe propôs uma relação sexual, ela recusou. Agrada-lhe seduzir o homem, para depois recusá-lo e humilhá-lo.

As reações são imediatas contra a mulher que impede a interrupção do cordão umbilical, e An. personifica este papel. G. é o mais feroz contra ela e se defende dizendo que não tem prazer numa relação sexual sem afeto.

Sessão de 27-5-1992

Participantes 21: 10 mulheres e 11 homens.

Monopolizar e falar sem dizer nada: dois modos para evitar sair do isolamento narcísico por meio de um verdadeiro diálogo. Aparece o aspecto negativo do arquétipo da Grande Mãe.

An. monopoliza a sessão falando por 20 minutos acerca de seu comportamento sedutor e punitivo para com Luca, seu namorado, colocando-se no centro da atenção. Luca tem um comportamento dócil, sem vontade própria e efeminado. É cômodo, por esta razão, mas não a atrai sexualmente.

Ad., que nunca fala, mas participa de toda a sessão, é encorajado a exprimir sua opinião. Ad. fala demoradamente, usa muitas palavras, mas comunica muito pouco ao grupo. Tem dificuldade para se comunicar, embora seja capaz de usar bem as palavras.

R. vê dois aspectos seus muito importantes em An. e Ad. O primeiro é que gostaria de estar sempre no centro da atenção, o segundo é a sua enorme dificuldade para se comunicar.

G. está preocupado com a idéia de que a sua garota vai trabalhar em Turim. Tem a preocupação de que ela o traia, o que o faz recordar a "traição" de sua mãe com seu pai. Mas o que mais o irrita é o fato que ele regularmente cai na armadilha, sem ser capaz de abandonar a opressão (o túnel). Formula a idéia de substituir G. criança por G. adulto, mas não é capaz de fazer isto.

Mt. liga-se a G. Viu o filme "A viúva negra" (uma aranha, aspecto negativo do arquétipo da Grande Mãe primordial). A viúva negra fazia amor com qualquer um numa piscina, depois de havê-lo atraído para a água com uma sedução erótica. À noite sonhou que todo o grupo estava numa piscina muito grande; havia gente na superfície e outros no fundo. Pisani a repreendia e dizia: "você é sempre uma criança, não quer sair do túnel!"

A. termina a sessão dizendo que An. tem um profundo medo da sexualidade. Por isso lhe é cômodo estar com aquele rapaz. A mesma coisa acontecia a ela. Provocar e negar a sua sexualidade como a viúva negra que seduz para depois destruir. Ela se sente ao mesmo tempo vítima e viúva negra do seu homem.

Sessão de 17-6-1992

Participantes 19: 8 mulheres e 11 homens.

O conflito entre a terapia individual e a de grupo é equivalente àquele entre o desejo de permanecer na opressão, considerada como alguma coisa segura, e o medo de permanecer prisioneiro nela, sem realizar o processo de individuação.

D. está cansada da terapia de grupo, não se sente amada pelo terapeuta; afirma, como tinha feito outras vezes, que o grupo não serve para nada. Depois refere que tem um grande conflito com os homens. Quando se enamora se fecha em casa, de modo a não encontrar com ele. Dr. também está de acordo, não chega a compreender para que serve o grupo.

R. se associa a eles, está muito hesitante a respeito da terapia de grupo. Pergunta-se quem interpreta, quem dá significado ao drama do indivíduo.

O terapeuta aponta que D. e R. não querem sair para fora do túnel.

Cr. compreendeu que os problemas discutidos são comuns a todos eles e que esta comunhão não cancela a própria individualidade, isto é, tudo o que diferencia cada um dos outros.

Fr. concorda com Cr.

E. continua a sonhar relações sexuais com uma mulher que é mãe. Sonhou de novo estar em um túnel estreito e ventoso, mas desta vez tem êxito em sair para fora. Fora é noite, encontra Da. e lhe diz que o grupo funciona.

Ad. fecha a sessão dizendo que, na verdade, ninguém teve uma relação normal com a mãe. Alguém faz amor com ela na realidade, outros o fazem no sonho. Num sonho ele a mata.

Sessão de 24-6-1992

Participantes 16: 6 mulheres e 10 homens.

A necessidade fusional de Gs. e de R. domina a sessão. Uma necessidade que é de tal modo forte que eles perdem a própria identidade biológica masculina para adquirir a identidade psicológica feminina.

Gs. (homossexual) sonhou no passado uma relação sexual com a mãe, mas esta aparecia como uma prostituta que o sodomizava com o dedo. Descreve seu pai como um perdedor. Também sua avó subestima o pai. Gs. sempre pensou em ser uma mulher.

R. se identifica plenamente com Gs., embora nunca tenha tido relações homossexuais. Também ele teve uma mãe que excluía o pai como figura negativa. A mãe fazia-lhe compreender que queria abandonar o pai, para ir viver só com ele. Mimava-o, excluía-o de qualquer amigo... "éramos só eu e ela!" Na idade de 13 anos R. começou a vestir-se como mulher, com os vestidos da mãe. Desde então, R. continua a ter a obsessão de ser penetrado por um homem. Até agora vive como uma mulher.

Gs. diz: *"Quando tive a minha primeira fantasia me identificava com minha mãe e penetrava minha mãe; no sonho era eu que penetrava a mim mesmo, mas eu era minha mãe".*

R. imagina mulheres com pênis.

G. interpreta todos estes problemas como medo de sair do túnel, de modo a permanecer aprisionado e enganado. Este é também o seu problema. Também sua mãe lhe impediu de ter qualquer relação com o mundo externo e com os outros.

Igualmente Fr. viveu a relação exclusiva com a mãe que dominou a cena familiar, enquanto o pai é um castrado.

Fe., quando criança, se aninhava junto da mãe que o repelia, fazia se sentir culpado e batia nele se trazia notas ruins da escola.

Cr., S., Mr., Fr. e Gs. concordam sobre este tema e confirmam que a ligação com a mãe e a ausência ou insuficiência do pai é a causa da incompleta identificação masculina e feminina.

Sessão de 15-7-1992

Participantes 17: 10 mulheres e 7 homens.

É a última sessão antes das férias. A angústia de separação e de abandono exprime-se num violento ataque contra os membros silenciosos (fantasmas persecutórios) e na intensa resposta emocional destes que externalizam seus fantasmas persecutórios internos. É a sessão que melhor exprime o conflito indivíduo-grupo e mostra bem como o ódio é transformado em diálogo.

D. anuncia que é a última vez que vem porque não pode mais suportar o grupo; vem só perder tempo. Não pode suportar, acima de tudo, o silêncio de Ad. e Ge. Está cansada de "enriquecer" com sua contribuição, a pessoas que não a "enriquecem".

Começa uma dura altercação entre D. e o grupo. Todos os membros silenciosos (Ad., M. L., Ga. e Dr.) protestam vivamente contra D.

Ad. (o taciturno mais obstinado) fica furioso com eles. Acusam-se uns aos outros de não dizer e não trocar nada.

D. não quer ser um membro do grupo, sabe que é muito melhor que os outros.

Ge. chora silenciosamente e reclama a atenção do grupo sobre si. Ga. mostra compartilhar o sofrimento de Ge. Diz que não é justo tratá-la deste modo, compreende-a por não se soltar e falar, e se sentir mal.

Para R., D. está pondo o grupo à prova para ver se é aceita ou não. Cr. faz notar a D. que de fato diz pouco ao grupo e sempre as mesmas coisas. É ela que atingiu um ponto morto e não o grupo.

O diálogo continua animadamente e sem pausa.

M. L. diz que está no grupo porque é obcecada por limpeza: tem fobia de sujeira a ponto de não deixar ninguém entrar no seu quarto.

Também R. tem fobia de sujeira. L. é angustiada pela ordem e pela limpeza em toda a casa. Antes de ir para a cama precisa assegurar-se de que tudo esteja em perfeita ordem.

Ge. chora alto e forte. D. oferece-lhe um lenço, que é desdenhosamente recusado. An. senta-se ao lado de Ge. e enxuga-lhe as lágrimas.

A atmosfera é dramática. Depois Ge. fala. Tem medo de não dizer e de não fazer as coisas certas. Observa-se, julga-se e se condena. Conta sua história. Veio da França para a Itália. Quer ser independente. Trabalha como empregada. Seus pais são muito exigentes e perfeccionistas. Deve fazer tudo da melhor forma possível para ser aceita e amada.

G. pergunta-lhe porque, em relação aos de fora do grupo, se senta sempre separada. Ge. responde que não se sente como si mesma com as pessoas.

L. intervém dizendo que aprendeu a ser mais indulgente com si mesma, mas a toda hora a opinião dos outros a faz sofrer.

Ge. acha difícil aceitar qualquer coisa dos outros. D. diz que partilha o mesmo problema com ela.

Para Ge., o silêncio é ligado ao medo de aceitar qualquer coisa. Se ela não dá, não deve receber em seguida. Por não ter, deve recusar.

Ge. acalma-se gradualmente e a atmosfera torna-se tranqüila.

Fazendo falar Ge., o grupo por um lado redimensionou os fantasmas persecutórios e por outro permitiu a Gc. atacar seus perseguidores internos.

Quatro mulheres e um homem (D., L., R., M.L. e Fr.) não voltaram depois das férias de verão. Duas mulheres foram substituídas.

O conteúdo das sessões dos últimos meses foi sempre dominado pelo conflito entre dependência e autonomia.

O grupo começou a levar em consideração a mudança e a afirmação da identidade pessoal. Emergiu em particular o problema da identidade masculina e feminina.

Sessão de 7-10-1992

Participantes 13: 5 mulheres e 8 homens.

O tema da sessão é morte e renascimento. A separação é experimentada como perda, fragmentação e morte, mas ao mesmo tempo como uma realização da individualidade, pelo fato de serem adultos e autônomos.

A. tem medo do observador. Tem medo que suas palavras registradas possam ser levadas para fora, e que a parte interna da sua personalidade possa ser levada embora, fugindo ao seu controle pessoal, e se tornando presa do grupo e do mundo externo. Tem um medo terrível da opinião dos outros, tem medo que os outros possam usar contra ele o que dele sabem.

R. não pode tolerar perder "nada". Não pode tolerar, por exemplo, o fato que o pai ousou abrir seu velho pacote de cigarros. É como se ele mesmo fosse aberto e fragmentado.

Ad., depois de muitas sessões silenciosas, faz um longo discurso e diz que está sempre lutando entre o desejo de falar e o medo de fazê-lo. O afeto que tem por sua mãe é um misto de ódio e raiva. Com 11 anos tentou estrangular sua mãe. Não compreendia a agressividade da mãe que se alternava com momentos de gentileza e ternura. Naquele dia em particular a mãe o tinha punido batendo-lhe e ele a tinha agarrado pela gola.

Quando criança, Ad. sempre esteve cercado de figuras femininas (mãe e tias). O pai nunca estava. A palavra "adulto" o assusta, mas não quer mais sentir-se como um pacote de cigarros fechado. Chegou o momento de abri-lo e usá-lo. Acrescenta: "a minha opressão é a minha total identificação com a minha família, a minha salvação é sair fora, me tornar livre".

G. exclama: "esta é uma sala de parto!"

Sessão de 11-11-1992

Participantes 16: 8 mulheres e 8 homens.

O medo da fragmentação é atribuído ao problema da identidade masculina e feminina.

A sessão começa com uma discussão sobre relações sadomasoquistas entre os pais.

A. se sente atacada por seu marido e faz votos que ele morra.

R. continua a lamentar-se. Está sempre presa ao dilema: se recusa o mundo externo se sente só, se procura um contato com os outros experimenta uma espécie de perseguição.

G. vê a relação entre seus pais em A. e seu marido. Descreve o pai como um homem violento, mas por sua vez uma vítima. Também ela, sem os outros, se sente só, e quando está com os outros tem uma sensação de desintegração.

Para Ad., a verdadeira vítima é o marido de A., como seu pai é o bode expiatório dos problemas familiares. Quando criança foi educado por muitas mulheres que reprimiram seus instintos masculinos.

Também R. sente ter uma incompleta ou ausente identificação com o papel masculino. Nas suas fantasias, teria prazer de ser penetrado por uma mulher.

Os pais de Cr. alternam-se no papel de perseguidores e de vítimas. Sonhou ser tocada por um homossexual. Não está em condição de identificar-se com nenhum dos dois genitores.

Mr. sente-se submerso em todos os afetos maternos.

Sessão de 18-11-1992

Participantes 19: 9 mulheres e 10 homens.

É a continuação da sessão precedente. O tema é agora o papel dos pais na incompleta identificação masculina e feminina.

Quando R. era rapaz tinha medo que a emissão do esperma fosse uma doença que se curaria com antibióticos. Sua mãe o vestia de maneira ridícula e ele não se opunha. Vestia os vestidos da mãe.

Mr. está procurando estabelecer uma nova relação com o pai.

Fe., tendo pouca estima por seu pai, está procurando assumir sozinho as responsabilidades. Procura uma mulher que não seja como sua mãe.

An. se vê como um garoto, mas quer ser uma garota; sua expressão é masculina, mas seus sentimentos são femininos. Tem medo de ser uma mulher porque se sente perdedora e passiva.

G. sente que lhe faltou o pai, mas também que ele era seu rival. Recorda que quando criança provava uma espécie de prazer sexual quando ia dormir com a mãe e a irmã na ausência do pai.

Mt. sente ser só mulher e esta afirmação lhe provoca vertigens. Para ela, ser uma mulher, significa sentir-se protegida. Seu marido a protege como se fosse um pai, mas ela recusa totalmente vê-lo como um pai.

Para Ge., a figura feminina é o pai e a figura masculina é a mãe.

An. faz a parte do homem com seu namorado e ele a parte da mulher.

A relação primária mãe-criança é, pois, o tema comum deste grupo intermediário de pacientes selecionados entre pessoas provenientes da Itália centro-meridional. As angústias de separação e as fusionais são opostas à necessidade de emancipação e individuação.

As sessões são um exemplo de como os aspectos instintivos são projetados no grupo num nível oral, anal, fálico, edípico e arquetípico (a Biocultura), e se encontram e se confrontam com a Sociocultura.

Por meio do diálogo, se estrutura o idioma que estabelece o princípio do significado, ou seja, dar significado à comunicação, ligando o *insight* com o *outsight.*

A Ideocultura permite aos pacientes redimensionar os influxos negativos da Sociocultura e a exprimir melhor e amadurecer as pulsões da Biocultura. A experiência da comunicação e partilha koinônica está na base da ideocultura e da maturação grupal no sentido genital, partindo da cultura pré-genital. Isto tem um imediato correspondente em nível individual.

Os sintomas foram desaparecendo na maior parte dos pacientes.

O problema da identidade masculina e feminina emergiu como tema cultural, e todo o grupo foi envolvido na sua resolução. Isto está intimamente ligado à identidade pessoal e expresso através da metáfora do túnel, que recorda o tema da angústia de separação e de fusão, e aquele do renascimento por meio das sessões (R., Gs., E., G., Ad., A., Cr. etc.).

As sessões mostram como o isolamento narcísico gradualmente desaparece com a afirmação do ego e da identidade pessoal (o *Self*), em diferentes níveis conforme a característica de personalidade, defesas, resistências etc. de qualquer dos participantes (ver, por exemplo, Ad. sessão de 7-10-1992). Alguns interromperam a terapia depois de alguns meses ou mesmo um ou dois anos, outros terminaram no fim dos quatro anos estabelecidos.

Alguns exemplos:

Gs.: estudante universitário borderline homossexual. Ficou no grupo cerca de dois anos. No início estava aterrorizado com a idéia que os outros pudessem perceber a sua homossexualidade e puni-lo com o escárnio, a marginalização etc. Era muito deprimido e tinha idéias de suicídio. Depois de cerca de dois anos de terapia o medo dos outros havia desaparecido completamente e não estava mais deprimido. Foi embora do grupo quando percebeu que continuar significava a complementação do processo de separação-individuação e a aquisição de uma identidade heterossexual.

N.: operário com alarme hipocondríaco. Terminou a terapia depois de quatro anos. Os sintomas de alarme desapareceram ou, se reaparecem, são perfeitamente dominados. Não vai mais ao hospital, ao pronto-socorro etc.

Mr.: estudante universitário afetado por alopecia. Adquiriu uma completa consciência da problemática edipiana e pré-edipiana, mas continua a defender-se com a intelectualização. Está mais sereno e maduro, mas os cabelos não voltaram. Concluiu a terapia depois de quatro anos.

E.: borderline tóxico-dependente. Concluiu recentemente a terapia, depois de quatro anos, completando o processo de separação-individuação. Não tem mais sintomas de depressão nem somatizações, não faz mais uso de cocaína e de outras drogas, conseguiu o diploma de engenharia, tem uma ligação estável com uma mulher diferente da precedente que era idêntica à mãe. Inseriu-se no mundo do trabalho.

O Conflito entre os Sexos na Cultura da Itália Meridional e no Grupo Analítico Intermediário. O Papel dos Arquétipos da Grande Mãe e do Grande Pai*

Nos trabalhos precedentes deste livro concluí que a dependência da mãe, profundamente radicada na cultura da Itália meridional, exprime dois aspectos: o medo de separação e perda, e o da fusão devoradora. A angústia de separação é percebida como pânico e fragmentação, a angústia fusional como assimilação e anulação. A angústia fusional diz respeito ao aspecto negativo e agressivo do arquétipo da Grande Mãe, que é expresso sob a forma da bruxa que devora as crianças.

As circunstâncias que favorecem o aparecimento do aspecto negativo e agressivo da mãe são as exigências contínuas, o "sugar", o sobrecarregar a mulher de todo tipo de peso, isto é a "predação".

A mulher é assim experimentada como um objeto diabólico, um perigo a exorcizar. Toda mulher é temida como a mãe onipotente e invasiva. O ataque contra ela é ligado ao medo do homem de ser

* Extraído dos trabalhos *Conflict between the sexes. A socio-cultural pattern of behaviour.* 9º European Symposium in Group Analysis. Heidelberg, 29 de agosto a 4 de setembro de 1993; e *The Great Mother and the Great Father Archetype in the Median Group.* 13º Congresso da International Association of Group Psycotherapy (Simposio sulla trasmissione transgenerazionale delle emozioni). Londres, 24 a 28 de agosto de 1998.

privado da sua virilidade, de tornar-se passivo, esmagado e feminizado.

Para o menino a possessividade está na origem da sua passividade, e para a menina, em um círculo vicioso, primeiro na submissão masoquista e depois na identificação sádica. A mulher mãe torna o menino passivo e este, para defender-se da passividade, tenderá continuamente a passivar a mulher, tornando-a submissa. A mulher submissa ao pai e ao marido se torna pesadelo para o filho, por sua possessividade chamada "amor materno".

Este círculo vicioso (Esquema 1) é a origem do conflito entre os sexos e pertence à matriz grupal como é claramente expresso pelos ritos e cerimônias.

O desencontro entre os sexos é um dos temas fundamentais do Grupo Analítico Intermediário (do Ambulatório do Departamento de Ciências Neurológicas da Universidade de Roma "La Sapienza") e é intimamente ligado ao tema da identidade sexual, como ilustrado pela síntese de algumas sessões que já foram relatadas, mas são reapresentadas agora por serem particularmente significativas para o tema da identidade sexual.

Sessão de 20-5-1992

Participantes 18: 8 mulheres e 10 homens.

O tema é o renascimento, a mudança e o conflito entre homens e mulheres. Aparece o arquétipo positivo do Grande Pai.

E. sonhou que sua mãe morreu. De repente, a cena muda e E. se encontra num teatro onde se faz psicoterapia com Pisani, o primeiro ator, gordo, um pai guia, mas ao mesmo tempo bom. Ele convida E. a segui-lo para mostrar-lhe um caminho mais curto para sair do teatro. Para sair deve atravessar um túnel. Pisani-Pavarotti, embora seja gordo, passa facilmente, enquanto E. não consegue. Sabe que não adianta pedir ajuda, Pisani não a daria porque, neste ponto, "deve sair sozinho". Por um lado o admira, por outro o odeia por não ajudá-lo a sair.

Fe. acentua que E. tem uma ligação muito forte com a mãe e que está tentando cortar o cordão umbilical.

E. confirma que a mãe o coloca no lugar do marido. Também Fr. é muito ligado à mãe.

An. tentou diversas vezes convidar um cirurgião cardíaco que lhe agrada para sair com ela, mas este sempre recusou. Outro dia, aceitou. Ela se vestiu de maneira bem sensual, ele a convidou para sua casa, mas quando lhe propôs uma relação sexual, ela recusou. Agrada-lhe seduzir o homem, para depois recusá-lo e humilhá-lo.

As reações são imediatas contra a mulher que impede a interrupção do cordão umbilical, e An. personifica este papel. G. é o mais feroz contra ela e se defende dizendo que não tem prazer numa relação sexual sem afeto.

Esquema 1 – *Cultura da Itália meridional.*

Dependência da mãe
(nível primordial da matriz de base)

↓ Angústia de separação | ↓ Angústia de fusão

Grande Mãe (arquétipo)

↓ Positivo: por exemplo, a Madona

alimentação-calor
proteção

↓ Negativo: por exemplo, as Bruxas (conhecidas como "janare", "maciare")
feiticeira
encantadora
infanticida

Sessão de 27-5-1992

Participantes 21: 10 mulheres e 11 homens.

Surge o aspecto negativo do arquétipo da Grande Mãe.

An. monopoliza a sessão falando por 20 minutos acerca de seu comportamento sedutor e punitivo para com Luca, seu namorado, colocando-se no centro da atenção. Luca tem um comportamento dócil, sem vontade própria e efeminado. É cômodo, por esta razão, mas não a atrai sexualmente.

Mt. viu o filme "A viúva negra" (uma aranha, aspecto negativo do arquétipo da Grande Mãe primordial). A viúva negra fazia amor com qualquer um na piscina, depois de havê-lo atraído para a água com uma sedução erótica.

À noite sonhou que todo o grupo estava numa piscina muito grande; havia gente na superfície e outros no fundo. Pisani a repreendia e dizia: "você é sempre uma criança, não quer sair do túnel!"

A. termina a sessão dizendo que An. tem um profundo medo da sexualidade. Por isso lhe é cômodo estar com aquele rapaz. A mesma coisa acontecia a ela. Provocar e negar a sua sexualidade como a viúva negra que seduz para depois destruir. Ela se sente ao mesmo tempo vítima e viúva negra do seu homem.

Esquema 2 – *Ritos de proteção e exorcismo.*

Contra:	bruxas, feiticeiras, encantadoras (medo de serem castrados, feminizados e devorados)
Exercidos prevalentemente por homens	
	(padres, magos, curandeiros)
Amuletos, personagens ou atos com simbolismo fálico:	
	Chaves, pregos, chifres, dentes, ferraduras etc. Anões, gnomos, polichinelo Espargir o sal ou tocar os testículos

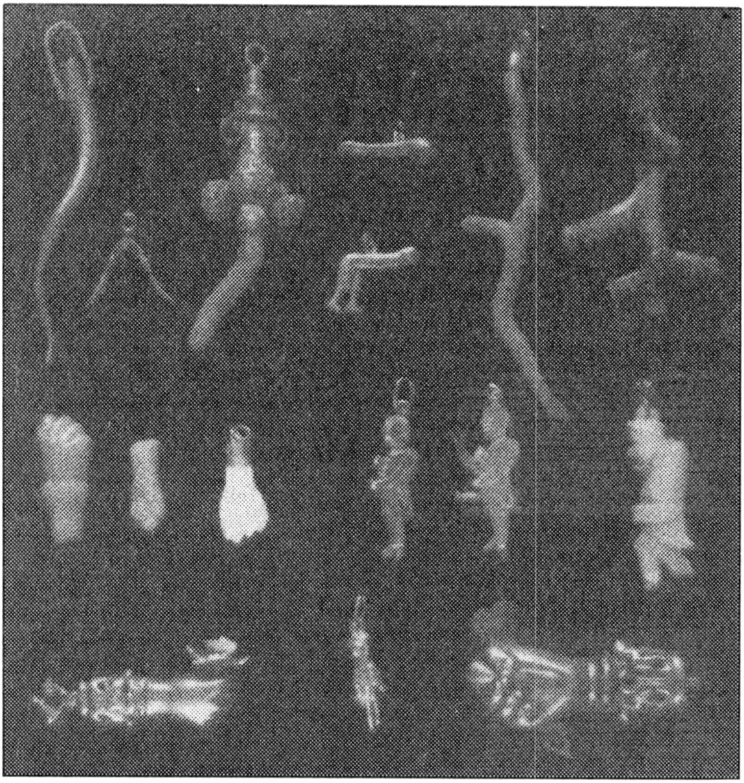

Sessão de 24-6-1992

Participantes 16: 6 mulheres e 10 homens.

A necessidade fusional de Gs. e de R. domina a sessão. Uma necessidade que é de tal modo forte que eles perdem a própria identidade biológica masculina para adquirir a identidade psicológica feminina.

Gs. (homossexual) sonhou no passado uma relação sexual com a mãe, mas esta aparecia como uma prostituta que o sodomizava. Descreve seu pai como um perdedor.

R. se identifica plenamente com Gs., embora nunca tenha tido relações homossexuais. Também ele teve uma mãe que excluía o pai como figura negativa. A mãe fazia-lhe compreender que queria abandonar o pai, para ir viver só com ele. Mimava-o, excluía-o de qualquer amigo; "éramos só eu e ela, e bastava". Na idade de 13 anos R. começou a vestir-se como mulher, com os vestidos da mãe.

Gs. acrescenta: quando tive a minha primeira fantasia me identificava com minha mãe e penetrava minha mãe; no sonho era eu que penetrava a mim mesmo, mas eu era minha mãe.

G. interpreta todos estes problemas como medo de sair do túnel, de modo a permanecer aprisionado e enganado. Este é também o seu problema. Também sua mãe lhe impediu de ter qualquer relação com o mundo externo e com os outros.

Fe., quando criança, se aninhava junto da mãe que o repelia, fazia se sentir culpado e batia nele se trazia notas ruins da escola.

Também os outros concordam sobre este tema e confirmam que a ligação com a mãe e a ausência ou insuficiência do pai é a causa da incompleta identificação masculina e feminina.

Esquema 3 – *Conflito entre os sexos e identidade sexual.*

Menino	Menina
↓	↓
angústia de separação e fusão	angústia de separação e fusão
↓	↓
incompleta identificação masculina	incompleta identificação feminina
↓	↓
angústia de castração	inveja do pênis

Inveja do pênis

Pênis → Arma de defesa contra os ataques maternos
Pênis → Meio para reunir-se à mãe

Sessão de 17-2-1993

Participantes 19: 8 mulheres e 11 homens.

Conflito entre os pais. Anulação dos homens pelas mulheres.

A. brigou com o marido, apanhou e se aliou aos dois filhos homens.

E. faz notar a A. que é ela quem domina o marido desde que se casaram; também ele acabou por aliar-se à mãe.

Mr. vê A. dependente do marido. A mãe igualmente dependia do pai, "mas no fundo não fez outra coisa senão anulá-lo". Recorda as reações violentas do pai, como alguém que se defende com exasperação. Quando pequeno, via a mãe como um anjo, a vítima. Criou-se assim a coalizão entre ela e os filhos. Por outro lado, a mãe regularmente privava o pai de valor legítimo, o desvalorizava.

Para G., a mãe é como a avó.

Cr. confirma que sua avó também era assim. Todos têm em comum uma confusão entre o que é homem e o que é mulher. Faltam os modelos de referência. A avó é uma "perturbada", o pai é um "neurótico".

Sessão de 24-2-1993

Participantes 19: 9 mulheres e 10 homens.

Embate entre homens e mulheres. Incompleta identificação masculina e feminina. Homossexualidade.

A. retoma o tema da briga com o marido, que lhe propôs distanciar-se uma semana de casa, dizendo aos filhos que deve se recuperar numa clínica psiquiátrica. Para o marido, os filhos homens teriam assim a oportunidade de serem privados de "hábitos doentios" aprendidos da mãe, convivendo somente com o pai...

Fr. comenta que também o pai tem problemas, por exemplo, de ter perdido ou nunca ter desempenhado o seu verdadeiro papel e de todos se aliarem contra ele.

Comenta-se que o casal parece estar bem somente quando há uma agressão recíproca.

Cr. tem a impressão que, para ela, é quase um prazer fazer o papel da mulher frustrada. Com o seu namorado faz-se continuamente doente, "como minha mãe que continua a instigar meu pai, meu pai cede e em seguida... é uma coisa de louco"... Com o seu namorado Cr. faz o papel do homem.

G. se pergunta se a uma grande mãe deve sempre se opor um pequeno pai; mesmo que o pai seja grande fora de casa, quando entra em casa é uma nulidade. Para G. a casa é o reino das mulheres.

Sn. está convencida de que nunca teve um modelo feminino dentro de casa, pois a mãe e o pai parecem homens. Tem a impressão de ter tomado esse modelo e de ser, ela mesma, muito masculina. Isto é compartilhado por Cr.

An. comenta que percebeu que Cr. gostaria de relacionar-se com uma mulher. Ao falar de si, diz que na ocasião da morte da mãe uma amiga sua "aproveitou-se" dela, referindo-se às mulheres que "em casa se fazem de homem". Como sua irmã que tem uma relação homossexual.

Cr. lamenta que nunca teve um verdadeiro homem em casa.

Sessão de 26-3-1993

Participantes 17: 8 mulheres e 9 homens.

A relação adequada entre os sexos é impedida pela falência dos mecanismos de identificação masculina e feminina e da agressão recíproca.

Al. sonhou que o seu namorado, em vez de fazer amor com ela, esfolava-a todo o corpo. No sonho, o mesmo acontecia com uma amiga sua. Juntas mataram os dois rapazes com uma faca.

E. sonhou que uma moça, ajudada por um amigo, com estranhas tenazes, arrancava o pênis, a próstata e a bexiga de um cadáver.

Ga. sonhou estar na praia com o namorado. Alguns rapazes ficam em volta dele dizendo que é homossexual. Fogem dali e chegam a um castelo no qual funciona uma espécie de matadouro, onde estes rapazes esquartejam humanos.

Comentam-se os aspectos sádicos dos homens sobre as mulheres.

Para Sn., Ga. menospreza seu namorado por ser incapaz de protegê-la.

O namorado de Cr. também é assim, do mesmo modo que o pai fala pela boca da mãe. Cr. tem, nos confrontos com o namorado, uma atitude muito similar à da sua mãe, muito invasiva.

Para G., a relação sexual é regressão e fusão. Ele e a mulher brincam na cama para vencer o medo recíproco. Ele banca a mulher e ela o homem. Quando ele faz o papel da mulher é aparentemente mais fraco, "na realidade a mulher dá uma facada nas costas".

Dr. não compreendeu o que é a fusão e G. conta um sonho: estava no carro com a mulher. Enquanto era dia estava tranqüilo, mas de noite teve medo e acordou. Dr. comenta que para G. a fusão com a mulher é um salto no escuro. Ele tem medo, ao contrário, da separação. O que para G. é a mesma coisa.

Igualmente Fr. tem medo da separação. Não consegue interagir com os outros, em particular com as mulheres. Identifica-se com a mãe. Lembra do pai como uma pessoa insignificante, que se ajustou pouco ou nada, enquanto a mãe é "castradora".

Sessão de 16-6-1993

Participantes 20: 11 mulheres e 9 homens.

Castrar ou ser castrado = devorar ou ser devorado.

Al. sonhou ser violentada por um amigo do seu namorado.

Fr. sonhou que D. e Cr. roubavam-lhe o ciclomotor durante uma sessão grupoanalítica.

O terapeuta interpreta o ciclomotor como símbolo genital masculino. Al. teme sofrer violência por parte dos homens, e Fr. por parte das mulheres. Ma. sonhou que "destruíra" algo e tinha prejudicado todo o grupo. Um senhor a repreendeu e a comeu em pequenos pedaços. Observa que se tornou muito agressiva, enquanto antes nunca se rebelava. Agora fantasia em bater no marido à noite na cama.

Ad. nota que no sonho a mulher é devorada pelo homem, mas ao estar acordada é ela que gostaria de matar o marido.

E. sonhou com dois porcos pendurados numa barra, ligados pelas patas, pelo pênis e pelo rabo. Personifica os dois porcos como um homem e uma mulher lutando entre eles, como ele e sua namorada ou como seu pai e sua mãe. Comenta que Ma. vê a relação entre os sexos em termos de "comer e ser comido", enquanto ele vê o pênis do porco como um cordão umbilical.

M. não se arrisca a obter pleno prazer nas relações sexuais. Depois da relação se sente esvaziado. Fe. não consegue fazer outra coisa senão procurar mulheres que lhe causam sofrimento. Ge. não pode ficar com sua família porque a relação com um dos pais exclui o outro.

A mãe e a tia de Ad. não gostam que ele deixe crescer a barba, não aceitam a sua virilidade, preferindo tratá-lo como um menino que tem necessidade de proteção. Decidiram que deve se afastar totalmente das mulheres. Também na família de Cr. e de Gs. os homens são tratados pelas mulheres como meninos incapazes.

As duas primeiras sessões aqui relatadas ilustram o surgimento dos arquétipos do Grande Pai e da Grande Mãe.

Klain E. (1997) afirma que a família patriarcal é um dos principais veículos de transmissão transgeracional das emoções de natureza destrutiva. É muito importante sublinhar o papel dos comportamentos arquetípicos nesta transmissão.

Na família patriarcal as regras e as sanções contra as transgressões são asseguradas pela autoridade paterna, enquanto na transmissão dos sentimentos e das emoções é a mãe (além da avó) que desempenha o papel protagonista (Klain E.).

É muito significativo que onde a figura paterna é incompleta ou ausente, os sentimentos destrutivos do arquétipo materno prevaleçam e sejam a base da angústia de separação e de fusão, responsáveis pela ausência ou incompletude do sentido de identidade. Por isso o processo de individuação de grupo e individual é obstaculizado e impedido.

A partir da observação relativa ao estudo e à análise do contexto cultural externo e do grupo analítico intermediário, formulei uma hipótese resumida no Esquema 4. Nesta hipótese, importante destaque é dado ao aspecto totalmente baseado em modelos de tipo oral destrutivo (biocultura).

Esquema 4 – *Círculo vicioso: "devorar ou ser devorado" (biocultura).*

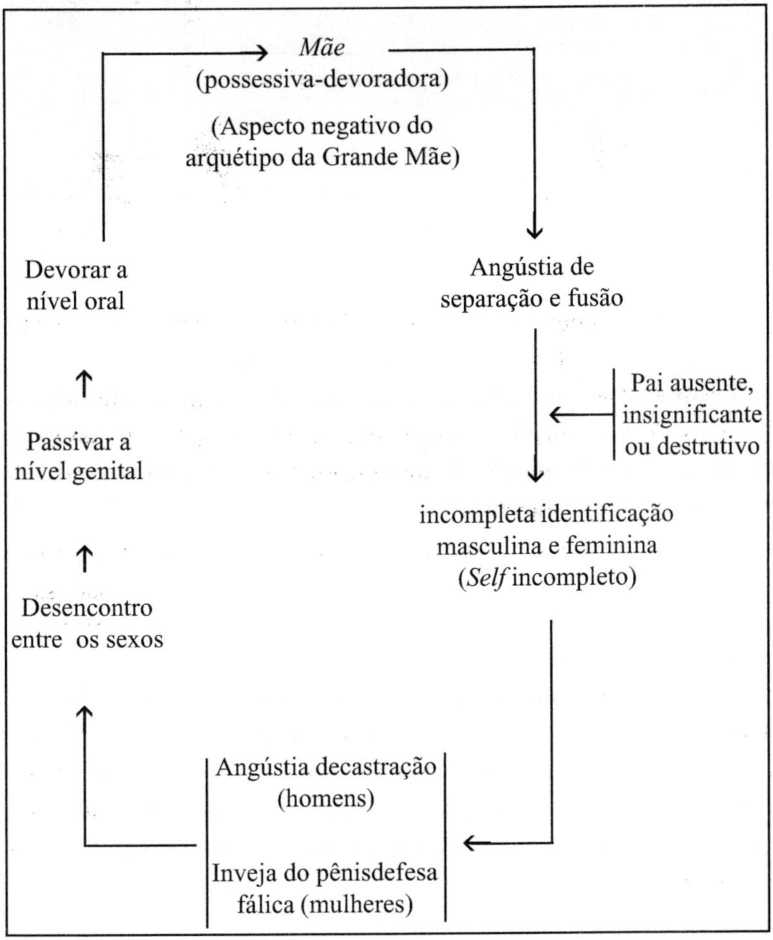

Este círculo vicioso, expressão por assim dizer da "serpente que morde o próprio rabo", pode ser interpretado como círculo urobórico (Neumann E., 1949, 1956). Neste, a dependência da mãe possessiva e devoradora, aspecto negativo do arquétipo da Grande Mãe, dá origem à angústia de separação e de fusão alimentada pela ausência ou insignificância ou destrutividade do arquétipo do Grande Pai. As angústias de separação e de fusão, origem da incompleta identidade masculina e feminina, são responsáveis pela angústia de castração nos homens, e a inveja do pênis e defesa fálica nas mulheres.

Os aspectos masculino e feminino estão na base do desencontro entre os sexos, amplamente difundido na cultura social e reproduzido na situação analítica do grupo intermediário.

O desencontro entre os sexos se traduz em passivar (castrar) em nível genital, e em devorar em nível oral. A destrutividade recíproca fecha e alimenta o círculo comportamental arquetípico, favorecendo o ulterior surgimento da versão negativa da Grande Mãe, o retorno a ela e a anulação.

Bibliografia

Accornero F. (1970): Testimonianza oculare sulla scoperta dell'Elettroshock. *Pagine di Storia della Medicina*, 2, 38-52.

Balint M. (1965): *L'analisi didattica*. Firenze, Guaraldi, 1974.

Balint M. (1970): *Medico, paziente e malattia*. Milano, Feltrinelli.

Bion W. (1961): *Experiences in Groups and other papers*. London, Tavistock publications. Trad. it. *Esperienze nei gruppi*, Roma, Armando, 1971.

Brown D. J. (1986): Dialogue for change. *Group Analysis*. 19 (1), 25-38.

Callieri B. (1987): Dimensioni antropologiche della psicopatologia della "corporeità". *Psyche Nuova*. N. 3 e 4, 213-223.

de Maré P. (1972): *Perspectives in Group Psychotherapy*. London, Allen-Unwin Ltd. Trad. it. *Prospettive di Psicoterapia di gruppo*. Roma, Astrolabio, 1973.

de Maré P., Kreeger L. (1974): *Introduction to Group Treatments in Psychiatry*. London, Butterworts Co, Ltd. Trad. it. *Introduzione ai trattamenti di gruppo in Psichiatria*. Padova, Piccin, 1978.

de Maré P. (1985): Il maggiore Bion. In: *Bion e la psicoterapia di gruppo* (a cura di Pines M.), Roma, Borla, 1988.

de Maré P., Piper R., Thompson S. (1991): *Koinonia*. London, Karnac

Books. Trad. it. Koinonia. Dall'odio, attraverso il dialogo, alla cultura nel grande gruppo, a cura di R. Pisani, Roma, Edizioni Universitarie Romane, 1996.

De Martino E. (1959): *Sud e Magia*. Milano, Feltrinelli. Ristampa, 1989.

Deutsch F. (1975): *Il misterioso salto della mente al corpo*. Firenze, Martinelli.

Di Chiara G. (1985): Una prospettiva psicoanalitica del dopo Freud. *Rivista di Psicoanalisi*. 31, 451-461.

Fairbairn W. R. D. (1952): *Studi psicoanalitici sulla personalità*. Torino, Boringhieri, 1978.

Fasolo F. (1995): Verso una psichiatria a vertice gruppale. In: *La psicodinamica dei gruppi* (a cura di F. di Maria e G. Lo Verso). Milano, Raffaello Cortina.

Fernandez D. (1965): *Mère Mediterranèe*. Paris, Bernard Grasset.

Ferrante M. A. (1993): Food that poisons: the nutritional behaviour of a small community. *Group Analysis*. 26 (3) 229-235.

Fine R. (1979): *Storia della Psicoanalisi*. Torino, Boringhieri, 1982.

Foglia S. (1989): *Streghe*. Milano, Rizzoli.

Foulkes S. H. (1948): *Introduction to Group Analytic Psychotherapy*. London, Heinermann. Trad. it. *Introduzione alla psicoterapia gruppoanalitica* (a cura di R. Pisani). Roma, Edizioni Universitarie Romane, 1991.

Foulkes S. H., Anthony E. J. (1957): *Group Psychotherapy. The Psychoanalytic Approach*. London, Penguin Books. Reprinted with revisions 1973. Reprinted Karnac, London, 1984. Trad. it. *L'approccio psicoanalitico alla psicoterapia di gruppo* (a cura di R. Pisani). Roma, Edizioni Universitarie Romane, 1998.

Foulkes S. H. (1963): Psicoterapia e psicoterapie di gruppo. In: Kadis A. L., Krasner J., Winick C., Foulkes S. H. *Manuale di psicoterapia di gruppo*. Milano, Feltrinelli, 1967.

Foulkes S. H. (1964): *Therapeutic Group Analysis*. London, Allen-Unwin Ltd. Trad. it. *Analisi terapeutica di gruppo*. Torino, Boringhieri, 1967.

Foulkes S. H. (1971): Group Analytic psycotherapy. Text of three audio-tapes dictated by the author. II therapy process. Joint publications of Institute of Group Analysis and Group Analytic Society. London, 1990.

FOULKES S. H. (1973): Il gruppo come matrice della vita mentale dell'individuo. In: *Terapia di gruppo* (a cura di Wolberg L. R. e Schwartz E. K.). Roma, Il Pensiero Scientifico, 1974.

FOULKES S. H. (1975a): *Group Analytic Psychotherapy*. London, Gordon and Breach. Trad. it. *La Psicoterapia gruppoanalitica*. Roma, Astrolabio, 1976.

FOULKES S. H. (1975b): A short outline of the therapeutic processes in group analytic psychotherapy. In: *Spheres of Group Analysis*. (Ed. Lear T. E.). London, 1984.

FOULKES S. H. (1975c): Approccio gruppoanalitico a problemi del gruppo allargato. In: *Il gruppo allargato* (a cura di Kreeger L.). Roma, Armando, 1978.

FREUD A. (1961): *L'Io ed i meccanismi di difesa*. Firenze, Martinelli, 1967.

FREUD S. (1894): Le Neuropsicosi da difesa. *Opere*. Vol. II. Torino, Boringhieri, 1968.

FREUD S. (1921): *Psicologia delle masse e analisi dell'Io*. Torino, Biblioteca Boringhieri, 1975.

FREUD S. (1925): Inibizione, sintomo e angoscia. In: *Isteria e angoscia*. Torino, Boringhieri, 1974.

FREUD S. (1937): *Analisi terminabile ed interminabile*. Torino, Biblioteca Boringhieri, 1977.

FREUD S. (1938): *Compendio di psicoanalisi*. Torino, Biblioteca Boringhieri, 1980.

GABRIELLI F., MUZIO M., ROSSI R. (1974): Farmaci e psicoterapia. In: Rossi R. (Ed.) *Psicoterapie ad indirizzo psicoanalitico*. Milano, Etas Libri.

GADDINI - DE BENEDETTI R. (1976): Formazione del Sé e prima realtà interna. *Rivista di Psicoanalisi*. 22, 206-225.

GALLINI C. (1967): *I rituali dell'Argia*. Padova, Cedam.

GATTI PERTEGATO E. (1994a): Sulle tracce di Trigant Burrow. Alla ricerca delle matrici della gruppoanalisi. *Rivista Italiana di Gruppoanalisi*. 9 (1), 9-24.

GATTI PERTEGATO E. (1994b): Trigant Burrow tra Freud e Foulkes. *Rivista Italiana di Gruppoanalis.i* 9 (3/4), 7-44.

GIAMPÀ M. (1997): L'apparato per pensare i pensieri. La struttura della mente secondo Bion. In: *Seminari* (a cura di Pisani R. A. e Goretti S.). Roma, Edizioni Universitarie Romane.

HARTMANN H., KRIS E., LOWENSTEIN R. (1964): *Scritti di Psicologia Psicoanalitica*. Torino, Boringhieri, 1978.

HORWITZ L. (1983): Projective identification in dyads and group. *Int. J. Group Psychother*. 33 (3), 259-279.

HORWITZ L. (1986): Il concetto del Sè nella teoria psicoanalitica. *Rivista Italiana di Gruppoanalisi*. 1, 17-33.

JACOBI J. (1957): *Komplex Archetypus Symbol*. Zurigo, Rascher Verlag. Trad. it. *Complesso, archetipo e simbolo*. Torino, Boringhieri, 1971.

JAMES C. (1979): Countertransference in training for group psychotherapy. *Group Analysis*. 12 (1), 51-55.

JONES E. (1951): *Essays in applied Psychoanalysis*. Vol II: *Essays in Folklore, Anthropology and Religion*. London, Hogarth Press.

JUNG C. G. (1934-1954): *Gli archetipi dell'inconscio collettivo*. Torino, Boringhieri, 1983.

KLAIN E. (1997): Il transferimento transgenerazionale delle emozioni nelle popolazioni della ex Jugoslavia. In: *Seminari* (a cura di Pisani R. A. e Goretti S.). Roma, Edizioni Universitarie Romane.

KLEIN M. (1948): Sulla teoria dell'angoscia i del senso di colpa. In: *Scritti* (1921-1958). Torino, Boringhieri, 1978.

LEAR T. E. (1984): The experience of group analytic training. In: *Spheres of Group Analysis*. (Ed. Lear T. E.) London.

LOMBARDI SATRIANI L. (1971): *Santi, Streghe, Diavoli*. Firenze, Sansoni.

LO VERSO G., PAPA M. (1995): Il gruppo come oggetto di conoscenza e la conoscenza del gruppo. In: *La psicodinamica dei gruppi* (a cura di F. di Maria e G. Lo Verso). Milano, Raffaello Cortina Editore.

MACLEAN P. D. (1978): Una mente formata da tre menti. In: *Cervello e Comportamento* (a cura di A. Oliverio). Roma, Newton Compton, 1981.

MAHLER M., PINE F., BERGMAN A. (1975): *La nascita psicologica del bambino*. Torino, Boringhieri, 1978.

MICATI L. (1988): Sulla sessualità femminile. *Rivista di Psicoanalisi*. 34 (1), 1149.

MORENO J. L. (1946): *Manuale di Psicodramma*. Roma, Astrolabio, 1985.

NAPOLITANI D. (1996): L'immaginario sulla metapsicologia psicoanalitica. *Attualità in Psicologia.* 11 (1), 91-104.

NERI C. (1996): *Gruppo.* Roma, Borla.

NEUMANN E. (1949): *Storia delle origini della coscienza.* Roma, Astrolabio, 1978.

NEUMANN E. (1956): *La Grande Madre.* Roma, Astrolabio, 1981.

ONDARZA LINARES J. (1975): Osservazioni sui cambiamenti di alcuni disturbi psicosomatici in corso di analisi di gruppo. In: *Therapy in Psycosomatic Medicine.* Roma, Pozzi Ed.

ONDARZA LINARES J., FELIZIANI P. (1991a): Le radici della psicoterapia di gruppo. *Attualità in Psicologia.* 6 (1), 5-10.

ONDARZA LINARES J., FELIZIANI P. (1991b): Le radici della psicoterapia di gruppo. II parte - La radice terapeutica. I Pionieri. *Attualità in Psicologia.* 6 (2), 53-58.

ONDARZA LINARES J., FELIZIANI P. (1992): Gli psicoanalisti di gruppo. *Attualità in Psicologia.* 7 (2), 97-104.

OSSICINI A. (1974): *Kurt Lewin e la Psicologia moderna.* Roma, Armando.

PERLS F., HEFFERLINE R. F., GOODMAN P. (1951): *Gestalt Therapy.* Harmonds worth, Penguin Books, 1973. Trad. it. *Teoria e pratica della terapia della Gestalt.* Roma, Astrolabio, 1975.

PETRELLA F. (1993): *Turbamenti affettivi e alterazioni dell'esperienza.* Milano, Raffaello Cortina.

PINES M. (1984): Mirroring in Group Analysis as a developmental and therapeutic process. In: *Spheres of Group Analysis.* (edited T. E. Lear) London.

PINES M. (a cura) (1985): *Bion e la psicoterapia di gruppo.* Roma, Borla, 1988.

PISANI R. A. (1986): Il conduttore in gruppoanalisi secondo S. H. Foulkes. *Atti del XX Congresso Nazionale della Società di Psicoterapia Medica.* Napoli 21-23 novembre 1986.

PISANI R. A. (1987a): Il trattamento farmacologico delle sindromi nevrotiche. Considerazioni psicodinamiche. *Atti del VIII Congresso Nazionale della Società Italiana di Neuropsicofarmacologia.* Pisa 20-23 maggio 1987.

PISANI R. A. (1987b): Transpersonal processes and *Self. Relazione al 7° Simposio Europeo in Gruppoanalisi*, Oxford, settembre 1987.

PISANI R. A. (1987c): Depressione e gruppoanalisi. *Atti del XXI Congresso Nazionale della Società di Psicoterapia Medica*. Milano 21-22 novembre 1987.

PISANI R. A. (1987d): La formazione del terapeuta in gruppoanalisi. *Attualità in Psicologia.* 2 (2), 33-36.

PISANI R. A. (1988): Particolari fenomeni e fattori terapeutici in gruppoanalisi: la risonanza ed il rispecchiamento. *Attualità in Psicologia.* 3 (4), 98-101.

PISANI R. A. (1989a): Dalla neurologia alla Gruppoanalisi. Riflesione sul processo di integrazione psicobiologica. Atti del XXXVII Congresso Nazionale della Società Italiana di Psichiatria. Roma 6-11 febbraio 1989. In: *Progressi in psichiatria*. Roma, CIC Edizioni Internazionali.

PISANI R. A. (1989b): Il Gruppo Balint gruppoanalitico. Atti del XXXVII Congresso Nazionale della Società Italiana di Psichiatria. Roma 6-11 febbraio 1989. In: *Progressi in Psichiatria*. Roma, CIC Edizioni Internazionali.

PISANI R. A. (1990): Neurosis in Southern Italy: some sociocultural aspects. *Group Analysis.* 23 (4), 403-408.

PISANI R. A. (1991a): Defence mechanisms in groupanalysis. *Bullettin of Australian Association of Group Psychotherapists*. Special n. 1.

PISANI R. A. (1991b): Gender and psychobiological integration. *Bulletin of the Australian Association of Group Psychotherapists*. Special n. 1.

PISANI R. A. (1991c): L'anamnesi e la selezione dei pazienti per la psicoterapia. *Atti del XXV Congresso Nazionale della Società di Psicoterapia Medica*. Pavia 5-6 ottobre 1991.

PISANI R. A. (1993a): Neuroses and group culture in Southern Italy. *Group Analysis.* 26 (3), 239-249.

PISANI R. A. (1993b): Conflict between the sexes. A socio-cultural pattern of behaviour. *Proceedings of 9th European Symposium in Group Analysis, "Boundaries and Barriers"*. (Heidelberg 28 agosto-4 settembre 1993). Heidelberg, Mattes Verlag.

PISANI R. A., ARZILLI A. (1994): Le cefalee "essenziali". *La prospettiva psicosomatica*. Roma, Edizioni Universitarie Romane.

PISANI R. A. (1995a): Narcissistic isolation and change in the Median Group. *Group Analysis.* 28 (3), 261-274.

PISANI R. A. (1995b): The evolution of Group Analysis: the Median Group. In: *Median and large groups in Group Analytic training.* Proceedings of E.G.A.T.I.N. Study days. (Peternel F. Ed.) Ljubliana, october 1995.

PISANI R. A., COLANGELI G., POPOLLA P. (1996): Emicrania: studio della personalità attraverso M.M.P.I. e Rorschach. *Giornale di Neuropsicofarmacologia.* 18 (4), 101- 106.

PISANI R. A. (1997): Il gruppo analitico intermedio (Median Group). *Atti del XXXI Congresso Nazionale della Società Italiana di Psicoterapia Medica.* Torino 14-15 giugno 1997.

PISANI R. A., GORETTI S. (1998a): Il trattamento gruppoanalitico di malattie psicosomatiche: le Cefalee. *Atti della Accademia Lancisiana.* N. 2. II Semestre 1998, 106-110.

PISANI R. A. (1998b): The Great Mother and the Great Father archetype in the Median Group. *Relazione al 13° Congresso della International Association of Group Psychotherapy.* Londra, 24-28 agosto 1998.

PROFITA G., VENZA G. (1995): Il gruppo in psicologia clinica. In: *La psicodinamica dei gruppi* (a cura di F. di Maria F. e G. Lo Verso). Milano, Raffaello Cortina Editore.

SEGAL H. (1975): *Introduzione all'opera di Melanie Klein.* Firenze, Martinelli.

SERVADIO E. (1988): La memoria è nell'intero universo. *Il Tempo* (quotidiano di Roma). Domenica 31 luglio 1988, p. 3.

SPITZ R.A. (1965): *Il primo anno di vita.* Roma, Armando, 1977.

USANDIVARAS R. (1986a): Viajes al espacio interior. *Relazione al Congresso Internazionale di Psicoterapia di Gruppo*, Zagreb 1986.

USANDIVARAS R. (1986b): Foulkes' primordial level in clinical practice. *Group Analysis.* 19 (2), 113-124.

VALZELLI L. (1987): Neurofisiologia del comportamento aggressivo. *Neurologia, Psichiatria, Scienze Umane.* 7, 61-79.

WINNICOTT D. W. (1965): *La famiglia e lo sviluppo dell'individuo.* Roma, Armando, 1976.

YALOM I. D. (1970): *The Theory and Practice of Group Psychotherapy.* New York, Basic Books. Trad. it. *Teoria e pratica della psicoterapia di gruppo.* Torino, Boringhieri, 1974.